POLYGLOTT

INDIEN

ON TOUR

DER AUTOR

WOLFGANG RÖSSIG

studierte Literaturwissenschaften und Kunstgeschichte, trat bei seinen Aufenthalten in Indien in unendlich viele Fettnäpfchen, liebt scharfes südindisches Streetfood, buddhistische Fresken und sinnenfrohe Tempelskulpturen. Weiß nicht, da auf Hindi das Wort für gestern und morgen gleich ist, ob er die indischen Widersprüche schon im letzten Leben verstanden hat oder erst im nächsten verstehen wird.

Unser E-Book-Code zur elektronischen Erweiterung des POLYGLOTT on tour. Das kostenlose E-Book enthält die im Reiseführer aufgeführten Adressen entlang der Touren, beispielsweise zu Essen und Trinken, Shoppen, Aktivitäten und Hotel-Tipps. Links auf einen externen Kartendienst vereinfachen das Auffinden dieser Adressen.

WWW.POLYGLOTT.DE

SYMBOLE ALLGEMEIN

Erstklassig: Besondere Tipps der Autoren

Seitenblick: Spannende Anekdoten zum Reiseziel

12 Top-Highlights und

Highlights der Destination

60 TOUREN & SEHENSWERTES

TOUR-SYMBOLE

- 1 Die POLYGLOTT-Touren
- 6 Stationen einer Tour
- A1 Die Koordinate verweist auf die Platzierung in der Faltkarte
- a1 Platzierung Rückseite Faltkarte

PREIS-SYMBOLE

	Hotel DZ	Restaurant
€	bis 50 US-$	bis 10 US-$
€€	50 bis 150 US-$	10 bis 15 US-$
€€€	über 150 US-$	über 15 US-$

HINDUKUSCH
KUNLUN
KARAKORUM
AFGHANISTAN
Kabul
Jammu u.
LADAKHGEBIRGE
Der Norden S. 62
Waffenstillstandsgrenze
Leh
START
3
Kashmir
PAKISTAN
Himachal
Pradesh
Indus
SULAIMANGEBIRGE
Lahore
Chandigarh
Punjab
Chandigarh
Uttarakhand
Haryana
Meerut
SIWALIK
Delhi
Delhi
Bareilly
NEPAL
Wüste Thar
START 1
START 2
START 8
START 9
Jaisalmer
Kathmandu
Rajasthan
Jaipur
Agra
Uttar
Pushkar
Ganges
Pradesh
Jodhpur
Chambal
ARAVALLIGEBIRGE
Gwalior
Allahabad
Ranakpur
Udaipur
Khajuraho
Varanasi
Patna
Mount Abu
Ahmedabad
Madhya
Bhopal
Jabalpur
Gujarat
Indore
GEBIRGE
Narmada
Chhattis-
garh
VINDHYA-
Pradesh
SATPURAGEBIRGE
Mahanadi
Diu und Daman
Ajanta
Nagpur
Dadra und Nagar Haveli
Ellora
Nasik
Aurangabad
Bhubaneshwar
Orissa
Mumbai (Bombay)
START
4
Pune (Poona)
Maharashtra
Godavari
Andhra
Sholapur
Hyderabad
Vishakhapatnam
Krishna
Vijayawada
Pradesh
Panaji
Goa
Karnataka
Der Westen S. 104
WEST-GHATS
OSTGHATS
START 5
START 10
Chikmagalur
Bangalore (Bangaluru)
Belur
Chennai (Madras)
Lakshadweep
Mysore
Mahabalipuram
START
6
Lakkadiven
Kerala
Pondicherry
Coimbatore
Thanjavur (Tanjore)
Tamil Nadu
Kochi (Cochin)
2695
Anai Muldi
Madurai
Palkstraße
Periyar-Wildtierreservat
Thekkadi
Golf von Manaar
SRI LANKA
Der Süden S. 116
Colombo
N
0
500 km

Perfekte Planung > Parallel vordere Klappe aufschlagen

TOP-12-HIGHLIGHTS

ZEICHENERKLÄRUNG DER KARTEN

- beschriebene Region (Seite=Kapitelanfang)
- 10 E h Sehenswürdigkeiten
- 4 Tourenvorschlag
- Autobahn
- Schnellstraße
- Hauptstraße
- sonstige Straßen
- Fußgängerzone
- Eisenbahn
- Staatsgrenze
- Landesgrenze
- Nationalparkgrenze

Der Palast des Maharana von Udaipur
über dem Pichola-See

TYPISCH

INDIEN IST EINE REISE WERT!

Namaste! Die Türen des klimatisierten Flughafens von Delhi öffnen sich. Auf den *firangi,* wie in Indien der Fremde heißt, wartet ein hitzeflirrender Kulturschock ohnegleichen, ein Anschlag auf alle fünf Sinne.

WOLFGANG RÖSSIG
studierte Literatur und Kunstgeschichte, trat in Indien in viele Fettnäpfchen, liebt scharfes südindisches Streetfood, buddhistische Fresken und sinnenfrohe Tempelskulpturen. Weiß nicht, ob er die indischen Widersprüche schon im letzten Leben verstanden hat oder erst im nächsten verstehen wird.

Alles ist schreiend bunt, Tempel, Märkte, Saris. Auf den Straßen Kakofonie pur, denn die Hupe ist das wichtigste – und häufig einzige tadellos funktionierende – Zubehör der zerbeulten Ambassador-Automobile und Motorrikschas, vom unaufhörlich *Filmi*-Musik quäkenden Radio mal abgesehen. Das Gemisch aus schwerem Blütenduft, Gewürzen, Räucherstäbchen, Dieselabgasen, kokelndem Müll und Exkrementen jeglicher Herkunft sorgt für Schwindelanfälle. Am unvorsichtigerweise nicht geschlossenen Taxifenster entlang tastet sich eine schorfige Kinderhand ins Wageninnere, ein flüchtiger Kontakt mit unfassbarem Elend, bevor der Fahrer ungerührt Gas gibt, um den unwissenden Reisenden mit fadenscheinigen Argumenten in ein Hotel zu bringen, das er gar nicht gebucht hat.

»Jeder Europäer, der nach Indien kommt, lernt Geduld, wenn er keine hat, und er verliert sie, wenn er sie hat.« So heißt das klassische Indien-Bonmot, und es stimmt bis heute. Toleranz, Geduld und Beharrlichkeit sind indische Grundtugenden. Inzwischen habe ich gelernt, mich entspannt auf den Taxirücksitz fallen zu lassen und dem Fahrer ohne Ärger lächelnd zu erklären, dass mein vorausgebuchtes Hotel garantiert nicht gestern abgebrannt oder dem Monsunregen der Trockenzeit zum Opfer gefallen sein kann. Bevor der Fahrer resignierend ob der entgangenen Provision losbraust, drücke ich in die Kinderhand – des Karmas wegen – statt Münzen, die man dem kleinen Bettler ohnehin abnehmen würde, eine mitgebrachte Tafel Schokolade oder einen Kugelschreiber, und rege mich längst nicht mehr auf, wenn eine störrische Kuh auf der Straße die Ankunft im Hotel nachhaltig verzögert.

In der Tat, Indien schockiert, doch es belohnt so reich dafür. Längst habe ich den Vorsatz aufgegeben, jemals ganz Indien kennenlernen zu wollen, dazu bräuchte es schon eine Menge Wiedergeburten. Denn Indien ist kein Land, sondern wirklich ein eigener Kontinent. Die Gletschergipfel des Himalaya, die Wüste Rajasthans, die tropischen Nationalparks mit ihren Tigern und Elefanten, die zauberhaften Lagunenlandschaften von Kerala, was will ich sehen? Die abstrakte zeitlose Eleganz der Mogulbauten in Rajasthan, die prallen, erotischen Skulpturen und feinsten Meißelarbeiten der zahllosen Jain- und Hindutempel, die einzigartigen Höhlenfresken mit Bildnissen des erleuchteten Buddha? Möchte ich edel im Maharaja-Ambiente »Royal Mughal Cuisine« speisen oder mir an einem Straßenstand in Mumbai für wenige Rupien den Bauch mit wunderbaren, süchtig machenden Pani Puri vollschlagen? Uraltes Tanztheater erleben oder mit der Heldin eines modernen Bollywoodfilms mitfiebern?

Ja, wo fängt man an? Wer in wenigen Wochen möglichst viel von Indien sehen will, kommt um organisierte Rundreisen nicht herum. Der Vorteil: Danach weiß man, worauf man sich auf der nächsten Reise konzentrieren möchte. Denn schon Rajasthan ist eine Welt für sich. Egal, wie oft man das Taj Mahal schon auf Bildern und Postkarten gesehen hat, die persönliche Begegnung ist nicht zu toppen. Die »Krone der Paläste« bietet auch den perfekten Einstieg in die indische Vielvölkerwelt, denn aus allen Provinzen des Landes strömen Besucher hierher. Man knipst andere, wird selbst geknipst, kommt ins Gespräch. Nur Zeit sollte man mitbringen und keine Busreisegesellschaft, die schon ungeduldig auf den säumigen Passagier wartet.

An den Tempeln von Khajuraho im Norden des Bundesstaats Madhya Pradesh

In Shiliguri, Westbengalen, wird eine Massenhochzeit gefeiert

Mit dem Bhopal Habibganj Shatabdi Express in zwei Stunden am frühen Morgen nach Agra zu flitzen ist daher für mich das einzige »Pflichtprogramm« jeder Indienreise. Der Rest ergibt sich. Nie sattsehen werde ich mich an der indigoblauen Altstadt von Jodhpur, in deren Gassen die leuchtend bunten Saris der Frauen besonders zur Geltung kommen. Ein, zwei Nächte in einem der Maharajapaläste, um Jaipur in seiner rosafarbenen Pracht zu genießen, müssen auch sein, ansonsten tut es ohne Weiteres ein ordentliches Mittelklassehotel oder eine saubere Pension. Auch in der Wüstenfestung Jaisalmer, die wie eine Fata Morgana in der Wüste auftaucht, lassen sich wunderbar einige Tage verbummeln.

Am liebsten plane ich einen Indienaufenthalt rund um meine beiden Lieblingfeste. Holi in Nordindien (Februar/März) bedeutet ausgelassene Menschen, die sich mit Farbpulver oder Wasser überschütten und die man daher am besten mit der Wegwerfkamera fotografiert. Besonders fröhlich ist Indien auch in den fünf Tagen des Lichterfests Divali (Oktober/November). Aber irgendein Tempel im Süden feiert garantiert gerade ein farbenfrohes Fest.

Tipps zum Relaxen? So schön die Strände von Goa auch sind, nichts kann Radhanagar Beach auf Havelock Island das glasklare Wasser reichen: schneeweißer Sand, türkisfarbenes Meer, smaragdgrüne Wälder. Hier auf den Andamaneninseln, 1000 Kilometer von der Ostküste entfernt, bringt die paradiesische Natur ganz allein die Chakren in Einklang. Dafür hat es mit der mehrwöchigen Ayurveda-Kur oder dem Meditationsaufenthalt im Ashram noch nicht geklappt. Das muss dann wohl an der wieder verlorenen Geduld liegen. Vielleicht im nächsten Leben …

WAS STECKT DAHINTER?

Die kleinen Geheimnisse sind oftmals die spannendsten. Hier werden die Geschichten hinter den Kulissen erzählt.

WAS IST DAS DRITTE AUGE?

Bindi (aus dem Sanskritwort »bindu« für »Tropfen«) heißt der mitten auf die Stirn zwischen die Augenbrauen gemalte oder geklebte rote Punkt. Hier ist die Position des sechsten Chakra (»Ajna Chakra«) und damit der Sitz des geheimen Wissens. Das Bindi ist ein energiefördernes und zugleich vor dem bösen Blick schützendes Symbol, ohne das sich keine verheiratete Hindufrau in der Öffentlichkeit zeigen würde. Aber auch viele junge Mädchen, ja inzwischen sogar Muslima, tragen das Bindi als modisches Accessoire oder Tika genanntes Segenszeichen, gerne in allen Farben und ornamentalen Formen. In Tempeln drückt der Priester jedem Besucher, auch Männern, ein Segenszeichen aus einer Kurkumamischung oder aus Sandelholzpaste auf die Stirn.

NO KISS PLEASE – WIRKLICH?

Werden in Bollywoodfilmen Küsse tatsächlich nur mit zärtlich raschelnden Blütenblättern gezeigt? Als Richard Gere 2007 die Bollywoodschauspielerin Shilpa Shetty öffentlich küsste, verursachte er damit tatsächlich noch mächtig Ärger.

Doch keusch geht es deswegen in Bollywoodfilmen noch lange nicht zu. Die Zahl der Küsse – wie dezent angedeutet oder explizit ausgeführt sie auch sein mögen – ist sogar ein Marketingargument. Tüchtig durchnässte Filmdiven gehören ebenso zum Standardrepertoire wie die unvermittelt zwischengeschalteten suggestiven Tänze, die den eigentlichen »Akt« ersetzen.

2013 wurde eine Lockerung der Zensur für erotische Leinwandszenen angekündigt. Indiens Traumprinz Shah Rukh Khan brach schon 2012 ein 20 Jahre währendes, selbst auferlegtes Kussverbot, als er die zugegeben unwiderstehliche Katrina Kaif im Film »Jab Tak Hai Jaan« (»Solange ich lebe«) gleich dreimal küsste. Da rauschten in Indien nicht mehr die Blüten, sondern der gesamte Blätterwald.

JA, NEIN ... ODER?

Besonders am Anfang höchst verwirrend ist für einen westlichen Besucher, der eine Frage stellt, das indische Kopfwackeln zur Antwort. Man ist sich nie sicher ist, ob es nun Ja oder Nein heißen soll.

Erst allmählich kommt man dahinter, dass ein explizites Hin- und Herwackeln des Kopfes meist »Ja« bedeutet, ein energisches Kopfschütteln, am besten noch nach vorne gebeugt, dagegen »Nein«. Ein sehr sanftes Kopfwiegen heißt dagegen meist, dass sich der oder die Angesprochene lieber nicht festlegen möchte, aber immerhin zuhört.

50 DINGE, DIE SIE ...

Hier wird entdeckt, probiert, gestaunt, Urlaubserinnerungen werden gesammelt und Fettnäpfe clever umgangen. Diese Tipps machen Lust auf mehr und lassen Sie die ganz typischen Seiten erleben. Viel Spaß dabei!

... ERLEBEN SOLLTEN

1 Kamelsafari durch die Wüste Die Raika genannten Kamelführer sind die besten Begleiter durch die Dünen der Sandwüste Thar. Zahlreiche Agenturen in Jaisalmer bieten das Naturerlebnis auf dem Wüstenschiff an › S. 92, u. a. Sahara Travels (Gopa Chowk, nahe Fort First Gate, Tel. 02992/25 26 09, www.saharatravelsjaisalmer.com).

2 Bootsfahrt in Varanasi Magische Momente im ersten Morgenlicht auf dem Ganges, wo das heilige Wasser die Lebenden segnet und die kremierten Verstorbenen ins Moksha entlässt, der Befreiung aus der Kette von Geburt, Tod und Wiedergeburt. Die Fahrt beginnt am heiligen Ghat Dasasvamedh (wo man direkt vor Ort das Boot mietet) und führt flussabwärts vorbei an den Verbrennungsplätzen zum Manikarnika Ghat › S. 94.

3 Trekking auf dem Tiger Trail Herden wilder Elefanten begleiten die zweitägige, vom Ecotourism Centre des Parks organisierte Wandertour durch die Flusslandschaft der Periyar Tiger Reserve › S. 134. Das Besondere daran: Ihr Führer ist ein »bekehrter« Wilderer, der weiß, wo die Chance, tatsächlich Tiger in freier Wildbahn zu erspähen, am größten ist (4000–6000 Rs).

4 Tibetischer Buttertee mit einem buddhistischen Mönch Lust, mit einem Mönch des Gelbmützenordens über tibetischen Buddhismus zu plaudern? Im Kloster Spituk bei Leh in Ladakh › S. 102 wird Ihnen dazu auch noch kostenlos Bod-Jha serviert, salziger, mit Ghee genanntem Butterschmalz zubereiteter Tee. Der Geschmack ist allerdings gewöhnungsbedürftig.

5 Wellness auf dem Palastsee Langsam gleitet das Jiva Spa Boat des Taj Lake Palace › S. 87 in Udaipur am frühen Abend auf den Pichola-See hinaus, und während eifrige Hände verspannte Körper ins süße Nirwana kneten, spiegelt sich das Lichtermeer des Maharana-Palasts im rot glühenden Wasser. (2–3 Std., ab 7500 Rs pro Person).

6 Einen Bollywood-Blockbuster ansehen Wagt der umschwärmte Held einen echten Kuss? Muss die schöne Braut vor der bösen Schwiegermutter zittern? Mit Seufzen, Jubel und lauten Buhrufen verfolgt das mitfiebernde Publikum die Filme. Das in der Bollywood-Hoch-

Auf Hausboottour in den Backwaters von Kerala

burg Mumbai mitzuerleben ist für westliche Besucher spannender als die vorhersehbare Handlung › S. 111.

7 Wildwasserfahrt in Ladakh Mit dem Schlauchboot auf dem schäumenden Indus durch die einzigartige Berglandschaft zu fahren gehört zu den sommerlichen Abenteuern in Ladakh. Anfängertauglich und sehr schön ist die Halbtagestour zwischen Phey und Nimo b1–c1 (ab 1500 Rs pro Person, www.rimoexpeditions.com).

8 Tanz im Sonnentempel Anfang Dezember verwandelt sich der Sonnentempel in Konarak › S. 147 in ein Märchen aus 1001 Nacht – Tänzer aus dem ganzen Land zeigen sämtliche Facetten der klassischen indischen Tanzkunst in einer Freilufthalle des Tempels, der in psychedelischen Farben angestrahlt wird.

9 Kreuzfahrt in den Backwaters Mit nur zwei komfortablen Kabinen schippert die Sauver Nigam »ECO-Friendly« durch die stille Wasserlandschaft der Backwaters › S. 133. Auf dem offenen Deck wird feinste Kerala-Küche mit Panoramablick serviert (350 US-Dollar pro Nacht, www.keralarivercruises.com).

... PROBIEREN SOLLTEN

10 High Tea im Palasthotel Die Sea Lounge des legendären Taj Mahal Palace › S. 109 serviert feinste

Assam- und Darjeeling-Tees, garniert mit pikanten Pani Puri und diskreten Einblicken in die Rituale von Mumbais High Society, die hier ihre Hochzeitsarrangements trifft.

11 Lassi Am besten schmeckt's in Jaipur B2 und zwar im kleinen Laden Lassiwala von Govind Narain in der M. I. Rd. Nr. 312, wo man den erfrischenden Trinkjoghurt schon seit 1944 einzigartig cremig in Tonkrügen serviert.

12 Alphonso-Mangos aus Ratnagiri in Maharashtra schmecken unvergleichlich. Zwischen April und Juni stapeln sie sich auf dem Crawford Market > S. 107 in Mumbai.

13 Chai mit Fremden Eine Tasse Tee mit Milch, oft gewürzt mit Ingwer und Kardamon, ist nicht nur ein Hochgenuss zu jeder Tages- und Nachtzeit (und hygienisch unbedenklich), sondern bringt auch Gespräche mit Einheimischen in Gang, über Gott und die Welt. Man bekommt ihn praktisch an jeder Straßenecke.

14 Meen Moilee Seafood ist in Kerala sowieso köstlich, doch dieses mit frischer Kokosmilch zubereitete fein gewürzte Fischcurry schmeckt besonders gut. Auf dem Fischmarkt von Kochi > S. 132 wird es zu Spottpreisen zubereitet.

15 Dosa zum Frühstück Diese dünnen, knusprigen Pfannkuchen aus Reis- und Linsenbohnenmehl bekommen Sie in jedem Restaurant. Probieren Sie sie mit Sambar (einer

Probieren Sie die Mango, Sir!

Soße auf Linsen- und Tamarindenbasis) und Chutney.

16 Streetfood in Mumbai Straßenstände sind eher nichts für Touristenmägen, aber im Kailash Parbat können Sie gefahrlos Pani Puri oder Vada Pav probieren und kleine Geschmacksexplosionen erleben (Sheela Mahal, 1st Pasta Lane, Colaba).

17 Bananenchips in Kerala Eine Spezialität können Sie ohne Risiko an jedem sauberen Essensstand in Kerala probieren: In Kokosöl frittierte und leicht gesalzene Bananenscheibchen, die es in verblüffend vielen Geschmacksvarianten gibt.

18 Indische Tapas Thali heißt die Platte aus Silber oder Stahl, auf der meist sechs bis acht kleine Schüsseln *(katoris)* mit regionalen Spezialitäten stehen. Dazu wird Chaas getrunken, dünne, mit Kreuzkümmel gewürzte Buttermilch. Eine riesige Auswahl bietet das Revival Indian Thali in Mumbai B4 (Sheikh Memon Street am Crawford Market, Tel. 022/2369 6990).

... BESTAUNEN SOLLTEN

19 Pantomime der Götter und Dämonen Leuchtend grün geschminkte gute Pachcha kämpfen gegen böse schwarze Chuvanni Thaadi und gefährliche Hexen, und das mit feinst ausdifferenzierter Mimik und Gestik. Verkürzte Touristenvorführungen eines Kathakali-Tanzdramas bietet das Kerala Kathakali

Köstliche Vielfalt – das Thali

Centre in Kochi › S. 130, vorher wird die Handlung erklärt.

20 Morgenstille am Taj Mahal Wie eine Fata Morgana steigt das Gebäude › S. 76 aus dem winterlichen Morgennebel. Zaghaft taucht es die aufgehende Sonne erst in zartes Rosa, dann in feuriges Orange: Den schönsten Sonnenaufgangsblick bietet der »Mondlichtgarten« Mehtab Bagh am Flussufer gegenüber.

21 Erotische Skulpturen in Khajuraho Bei den höchst eindeutigen Posen im Lakshmana-Tempel › S. 96 geht es insgesamt eigentlich um die Vereinigung zweier Prinzipien, von Purusha (Geist, Mensch) und Prakriti (Natur, Urstoff). Aber erklären Sie das mal den Busladungen mit verschämt kichernden Touristen.

22 Abendstimmung über Jaipur Langsam versinkt die Sonne hinter den Aravalli Hills, und die »Pink City« › S. 81 beginnt im Schein un-

Die »blaue Stadt« Jodhpur

zähliger Lichter zu funkeln. Einzigartig ist der Anblick während des Divali-Fests im November von der Tigerfestung aus, wenn Feuerwerk den Abendhimmel erhellt.

23 Mondaufgang während der Pushkar Mela Der jährliche Kamelmarkt in Pushkar › S. 56 ist auch Anlass einer großen Wallfahrt, bei der Hunderte von Hindu-Pilgern in den heiligen See waten, beleuchtet von auf dem Wasser treibenden Öllämpchen. Traumhaft ist der Blick von der Terrasse des Pushkar Palace.

24 50 Shades of Himmelblau Vom Mehrangarh Fort schweift der Blick über das Labyrinth der blauen Häuser von Jodhpur › S. 89 in Rajasthan. In der Ferne ragt die Silhouette des Umaid Bhawan Palace auf.

25 Sonnenbadende Kühe in Goa Indiens chilligste Kühe mischen sich gern auch mal unter die knapp bekleideten Badegäste an Goas Stränden › S. 114, was auch ohne Gras einen ziemlich psychedelischen Anblick bietet.

26 Indiens Südspitze Am Kap Komorin C6, an dem drei Meere aufeinandertreffen, begrüßen täglich Tausende von Pilgern im Wasser und im Tempel der jungfräulichen Gottheit Kanyakumari ekstatisch den neuen Tag.

27 Blick ins Schlafzimmer Nicht rot werden! Was Krishna auf den Wandmalereien in einem der Frauengemächer des Mattanchery-Palasts › S. 130 in Kochi mit gleich acht barbusigen Gopis (Kuhmädchen) anstellt, ist wirklich nicht jugendfrei! Aber Krishna hat nun mal sechs Hände und zwei Füße …

28 Die chinesischen Fischernetze von Kochi Bei Sonnenuntergang herrscht bei den eleganten, an schweren Holzkonstruktionen im Meer hängenden Netzen › S. 129 eine traumverlorene Atmosphäre.

29 Mythologie in Farbe Eine sinnliche dunkelhäutige Prinzessin bewundert sich im Spiegel, ihr Schmuck funkelt im Dämmerlicht: Nur eine von vielen Szenen aus Indiens prunkvoller Vergangenheit, von der die buddhistischen Fresken der Höhle 17 von Ajanta › S. 113 in unerhörter Plastizität erzählen.

… MIT NACH HAUSE NEHMEN SOLLTEN

30 Den Segen des Tempelelefanten Mit einer farbenfrohen Decke geschmückt, segnet der heilige Elefant im Brihadishvara-Tempel › S. 128 in Thanjavur mit seinem Rüssel täglich Hunderte Gläubige, aber gerne auch Touristen, sofern sie 50 Rupien spenden.

31 Seidenwebkunst Einige Seidenwebereien rund um Aurangabad › S. 112 stellen kostbare Paithani-Saris und Himroo-Schals noch an traditionellen Webstühlen her. Qualität gibt es im Paithani Weaving Centre (Jalna Road, hinter dem Air-India-Büro, www.paithanisilk.com).

32 Pashmina Tücher und Schals aus diesem Wolle-Seide-Gemisch gehören zu den schönsten Mitbringseln, etwa von Baba Blacksheep in Varanasi › S. 94 (Bhelupura Crossing, nähe Kerela Cafe, www.indiamart.com/bababl ack-sheep).

33 Den Duft von Jasminblüten In den Tempeln rund um Madurai › S. 125 und auf dem morgendlichen Blumenmarkt hängt man Ihnen für wenige Rupien Jasmingirlanden um den Hals. Die Erinnerung an den unvergleichlich süßen Duft wird Sie bis nach Hause begleiten.

34 Miniaturmalereien Gerahmte Miniaturen mit kunstvoll gemalten Szenen aus der indischen Geschich-

Edle Textilien werden in Handarbeit genäht

te oder anderen Darstellungen bekommen Sie in vielen kleinen Handicraft-Läden in Jaipur › S. 83. Verwendet werden nur natürliche Farben, die nie verblassen.

35 Garam Masala heißt die traditionelle Gewürzmischung zur Zubereitung von Currys, die Sie auf den farbenfrohen Gewürzmärkten bekommen, z. B. auf der Gewürzstraße Khari Baoli in Alt-Delhi › S. 75 – am besten gleich inklusive der Gewürzbox Masala Dabba.

36 Stoffe aus Jaipur Bei Anokhi › S. 83 bekommen Sie wunderschöne Stoffe zu Preisen, von denen Sie zu Hause nur träumen können. Notieren Sie sich vor der Reise schon mal die Maße Ihrer Vorhänge!

37 Intarsienarbeiten Schon im Mahabharata wird Schach als das »Spiel der Fürsten« erwähnt. Bei Akbar International › S. 79 in Agra bekommen Sie ackteckige Schachbretter aus Marmor, aber auch viele andere Dinge mit wunderschönen farbenfrohen Einlegearbeiten aus Halbedelsteinen.

38 Auf Frangipani gebettet Die handbedruckten, sehr edlen Bettbezüge der Malabar Collection erinnern mit ihren grünen Palmen und rosa Frangipaniblüten an die Regenwälder der Malabar-Küste (Good Earth im Khan Market › S. 75 in Delhi, www.goodearth.in).

39 Blaue Keramik Kunstvoll mit Blumenmotiven und geometrischen Mustern verzierte kobaltblaue Vasen und Fliesen aus den Läden der Amber Road in Jaipur › S. 83 verwandeln Ihr Zuhause in eine Mogulresidenz.

Marmor-Einlegearbeiten aus Agra sind für ihre hohe Qualität bekannt

... BLEIBEN LASSEN SOLLTEN

40 Leitungswasser trinken Wer auf einen fiebrigen »Delhi Belly« lieber verzichtet, meidet in Indien Leitungswasser und Eiswürfel. Und wenn sich gekaufte Wasserflaschen zu leicht öffnen lassen, wurde gepanscht: Finger weg!

41 »Special Lassis« probieren Das Spezielle an diesen exotischen Lassi-Varianten, die einige Strandbuden am Baga Beach von Goa anbieten, ist nichts anderes als »bhang« (Marihuana)!

42 Zärtlichkeiten in der Öffentlichkeit In Indien sind Küsse tabu; selbst aufs Händchenhalten sollten Paare verzichten, wenn sie sich keinen Ärger einhandeln wollen.

43 Auf Schlepper hereinfallen Ob man versucht, Sie in ein Geschäft zu lotsen oder in ein Hotel, das Sie gar nicht gebucht haben: Auf der Straße am besten gar nicht reagieren und einfach weitergehen!

44 Mit Schuhen einen Tempel oder eine Wohnung betreten Schuhe gelten schließlich als unrein. Aber auch nackte Fußsohlen sollten Sie im Sitzen niemals auf andere Personen, geschweige auf denn Götterbildnisse richten. Setzen Sie sich nach Möglichgkeit immer so hin, dass die Füße nach hinten zeigen.

45 Die Kreditkarte aus den Augen lassen Kreditkartenmissbrauch ist in Indien leider gang und gäbe. Wenn Sie nicht bar bezahlen können, sollten Sie den Zahlungsvorgang genau überwachen, damit im Hinterzimmer niemand eine Dublette anfertigen kann.

46 Auf Feilschen verzichten Hartnäckiges Handeln gehört in Indien zum täglichen Leben. Touristen, die völlig überhöhte Einstiegspreise akzeptieren, kränken den Händler eigentlich in seiner Ehre.

47 Bettelkindern Geld geben So erbarmungswürdig sie auch aussehen mögen, das Geld landet nur in den Taschen einer organisierten Bettelmafia, die Kinder teilweise sogar verstümmelt, damit sie mehr einbringen.

48 Nach der Kaste fragen Dieser Fauxpas kann für den Betreffenden zu einer beschämenden Situation führen, vor allem, wenn er einer niedrigen Kaste angehört.

49 Sich über Ausländerpreise ärgern Touristen zahlen für viele Sehenswürdigkeiten oft zehnmal mehr Eintritt als Einheimische. Bleiben Sie gelassen: Mit dem Geld einheimischer Besucher allein wäre der Erhalt nicht zu finanzieren.

50 Die linke Hand zum Essen benutzen Mit der linken Hand säubern sich die Einheimischen auf der Toilette, daher sollte sie bei Tisch am besten unsichtbar sein. Berühren Sie auch niemanden mit der linken Hand.

Arambol Beach in Goa

REISEPLANUNG & ADRESSEN

DIE REISEREGION IM ÜBERBLICK

Indien ist neunmal so groß wie Deutschland und hat sehr unterschiedliche geografische Räume – von der Hochgebirgswüste des Himalaya über das riesige fruchtbare Schwemmland der Ganges-Yamuna-Ebene und das südlich angrenzende Dekkan-Hochland bis zu den tropischen Reisregionen des Südens.

Auch kulturell bietet Indien eine grandiose Vielfalt. Islamisch geprägte Monumente im Norden wie das Taj Mahal und gigantische Tempelstädte im Süden wie Madurai sind nur zwei Beispiele dafür.

Für die meisten Reisenden sind **Delhi und der Norden** das erste Ziel. Hier war von alters her der wichtigste Wirtschaftsraum, hier steht die Wiege der indischen Zivilisation, hier haben sich viele muslimische Eroberer aus Zentralasien niedergelassen, allen voran die berühmten Mogulkaiser. Kein Wunder, dass hier auch viele der wichtigsten kulturellen Orte zu finden sind: die älteste Moschee Indiens in Delhi, das Taj Mahal und das Rote Fort in Agra, der 2000-jährige Pilgerort Varanasi (Benares) und viele andere. Die Hauptstadt Delhi, nach langem Dornröschenschlaf erst 1911 von den Briten im kolonialen New Delhi neu gegründet, hat sich mittlerweile von einer langweiligen Verwaltungsstadt zu einem alle Dimensionen sprengenden Geschäfts- und Industriezentrum entwickelt. Darüber hinaus ist es nicht weit bis nach Rajasthan, zu den Residenzen der ehemaligen Könige, der Maharajas, in Städten wie Jaipur, Jodhpur oder Udaipur.

Im **Westen** Indiens liegt die Küstenmetropole **Mumbai** (ehemals Bombay), einst wichtigster Hafen der Briten und heute Finanzkapitale und Boomtown des »New India«. Auf einer lang gestreckten Halbinsel dicht gedrängt gelegen, sind die Bauten der Stadt – wie die Grundstückspreise – in den Himmel geschossen. An der Südspitze der Halbinsel liegt die sehr schöne koloniale Altstadt, allerdings ist für weitgehende Sanierung und Restaurierung bislang noch kein Geld da. Hervorragende Sehenswürdigkeiten wie die Höhlentempel und -klöster von Elephanta, Ajanta und Ellora kann man von hier aus erreichen. Südlich von Mumbai liegt **Goa,** bis 1962 eine kleine portugiesische Kolonie, heute Inbegriff für entspannten Strandurlaub.

Den **Süden Indiens** kann man von **Chennai** (früher Madras) aus erschließen. Chennai selbst hat nicht viele touristische Anziehungspunkte, dafür entschädigt die Umgebung umso mehr. Neben dem Meer, den lebendigen Städten und Dörfern und der tropischen, abwechslungsreichen Landschaft findet man hier Tempelanlagen, die teils künstlerisch Hervorragendes zu bieten haben, teils von einem faszinierenden rituellen Leben erfüllt sind. Die architektonisch schönsten Monumente sind Mahabalipuram und Thanjavur (Tanjore), die Tempelstädte von Srirangam und Madurai dagegen sind die lebendigsten Zentren. Die Westküste Südindiens bietet mit dem Bundesland **Kerala,** welches sich zum Ayurveda-Wellnesszentrum entwickelt hat, eine grüne, freundliche Gegend mit einer ganz eigenen Kultur, schönen Strandurlaubsmöglichkeiten (besonders in Kovalam) und entspannten Fahrten durch die Lagunen der sogenannten Backwaters. Weiter nördlich im Inland gibt es mit **Karnataka** noch einmal eine Kulturregion ersten Ranges. Bei uns eigentlich nur durch die Softwaremetropole Bangalore bekannt, ist ihr historisches Zentrum indes Mysore. Hier kann man unter üppigen Palmenhainen, zwischen grünen Reisfeldern und bizarren Felsenbergen wunderbare Monumente entdecken wie die Tempel von Belur, Halebid und Sravanabelgola, die an Feinheit der Bearbeitung ihresgleichen suchen. Im ganzen Süden ist die Küche köstlich, eine unendliche Vielfalt an Gemüse, Fisch und Obst begeistert den Genießer. An Abnehmen ist nicht zu denken!

Seltener besucht wird **Kolkata** (früher Kalkutta) und **Indiens Nordosten.** Zugegebenermaßen ist die Stadt ein Moloch, überbevölkert und verschmutzt, von Streiks geplagt. Die Bewohner jedoch lieben ihre Stadt, denn sie hat die lebendigste Kunst-, Literatur- und Musikszene. Hier ist der Ausgangspunkt für den Besuch der Tempelstädte von Odisha (ehemals Orissa): Bhubaneswar, Puri und Konarak liegen in traumhafter Umgebung und sind unbedingt einen Besuch wert.

Eine ganz eigene Facette der Vielfalt Indiens zeigt das Tal von Ladakh im Himalaya

KLIMA & REISEZEIT

Auch in Indien ist es im Winter kälter als im Sommer. Größten Einfluss auf das Klimageschehen hat jedoch der Monsun.

Die Regen- oder Monsunzeit beginnt in der ersten Junihälfte, erreicht im Juli/August ihren Höhepunkt und schwächt sich ab etwa Mitte September von Süd nach Nord allmählich ab. Die feuchten Luftmassen dieses **Südwestmonsuns** sparen weite Teile Südostindiens aus, ebenso die Hochgebirgswüste von Ladakh jenseits der Himalayahauptkette.

Zwischen Oktober und April ist es im Norden regenfrei; die Tage sind sonnig und klar, die Nächte besonders im Dezember und Januar kühl. Der **Winter-** oder **Südostmonsun** beschert zwischen Oktober und Dezember dem Süden vereinzelt Regenschauer. Die Tage sind gleichbleibend subtropisch warm, die Nachttemperaturen sinken auch hier im Dezember/Januar besonders in Höhenlagen beträchtlich. Unberechenbar sind die Ausläufer von Zyklonen im Golf von Bengalen, die vor allem im Südosten zwischen Oktober und Januar mitunter heftige Schauer auslösen.

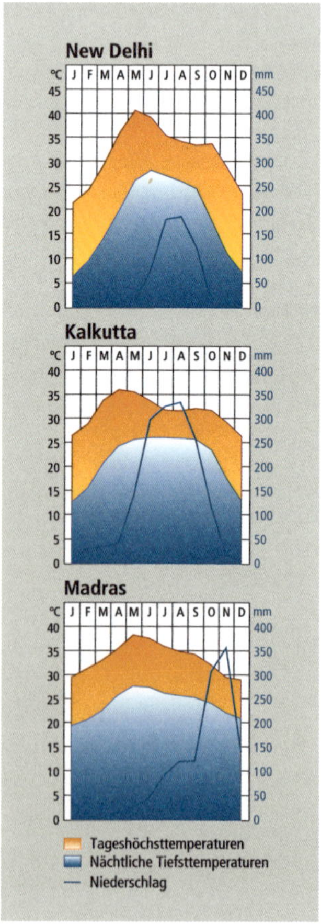

Mit weit über 40 °C ist es in den Sommermonaten im kontinentalen Norden am heißesten – im April beginnen die Temperaturen zu steigen, im Juni, vor Einsetzen des Monsuns, erreichen sie ihren Höhepunkt. In den Küstenregionen und im Süden bleibt es hingegen das ganze Jahr über tropisch feucht und schwül.

Für den größten Teil des Subkontinents ist die **ideale Reisezeit** Oktober bis März. Ladakh besucht man am besten zwischen Juli und Mitte September. Südindien ist zwischen Januar und April am trockensten.

ANREISE

Die Flüge von Frankfurt/Main nach Indien sind stark ausgelastet und müssen frühzeitig gebucht werden. Die Flugzeit beträgt etwa acht Stunden.

Lufthansa fliegt mehrmals wöchentlich von Frankfurt nach Delhi, Mumbai, Chennai, Bengaluru (Bangalore) und Pune. Auch Emirates fliegt (über Dubai o. Ä.) diese Städte an. Direktflüge nach Delhi und Mumbai starten auch ab München. Air India fliegt täglich nonstop von Frankfurt, Austrian Airlines von Wien und SWISS von Zürich nach Delhi. Andere Fluglinien wie KLM (über Amsterdam) oder Turkish Airlines (über Istanbul) bedienen zumindest die Strecken Mumbai und Delhi. Seinen Rückflug sollte man auf jeden Fall 72 Stunden vor Abreise rückbestätigen lassen.

REISEN IM LAND

Wer abenteuerlustig ist und genug Zeit hat, kann in Indien ohne Weiteres individuell reisen und Hotels und Fortkommen vor Ort regeln.

In allen touristischen Orten gibt es zahllose kleine Agenturen, die einem dabei helfen. Inlandsflüge sollten allerdings frühzeitig gebucht werden.

Bequemer ist es natürlich, eine Package-Tour im Voraus zu buchen (z. B. über www.its-your-trip.com/reisen/indien oder www.transindiaholidays.com). Man kann Hotels, Leistungen und Route mit der Agentur absprechen.

DER MONSUN

Wer einmal erlebt hat, wie die Regenmenge eines ganzen Jahres in wenigen Tagen vom Himmel stürzt, wird es nie vergessen. Dafür regnet es den Rest des Jahres so gut wie gar nicht auf dem Subkontinent.

Schuld daran sind die sehr regelmäßigen Passatwinde, die sich in der Hitze des Sommers drehen, weil sich über der Landmasse Eurasiens ein sogenanntes Hitzetief bildet. Wolken, die sich durch die Verdunstung über dem Meer gebildet haben, werden dann angesogen. Allerdings ist die Regenmenge nicht berechenbar. Sowohl zu viel als auch zu wenig Niederschläge fügen der Landwirtschaft schrecklichen Schaden zu. Die gefürchteten Dürren haben früher manchmal Millionen Menschen verhungern lassen. Heute gibt es im Notfall Grundnahrungsmittel auf Bezugsschein, aber die Angst sitzt den Indern immer noch im Nacken.

MIT DEM FLUGZEUG

Im innerindischen Flugverkehr ist zu beachten, dass an den Anzeigetafeln der Flughäfen nur noch die offiziellen indischen Städtenamen Mumbai, Chennai, Kolkata usw. erscheinen.

Das größte Flugnetz innerhalb Indiens betreibt die staatliche Air India (www.airindia.com) mit der Tochtergesellschaft Alliance Air. Daneben gibt es private Fluggesellschaften wie Indigo Airlines (www.goindigo.in), Go Air (www.goair.in) und Spice Jet (www.spicejet.com), die alle eine gute Qualität bieten. Eine rechtzeitige Reservierung ist grundsätzlich bei allen Linien immer ein absolutes Muss.

MIT DER EISENBAHN

Mittlerweile werden viele wichtige Strecken von Schnellzügen bedient. Der **Shatabdi** verbindet u. a. Delhi, Agra, Gwalior, Jhansi und Bhopal, Delhi mit Jaipur sowie Chennai mit Bangalore/Mysore. Die Erwartungen an diese Züge sollten nicht zu hoch gesteckt werden! Die Sitze sind jedoch bequem, die Abteile klimatisiert, die Fenster getönt. Das gesamte Streckennetz des Landes, Sondertarife für ausländische Reisende, Fahrpläne etc. findet man im Internet auf der Website www.indianrail.gov.in.

Achtung vor Dieben auf Großbahnhöfen!

Flug über die Ladakh-Berge

Reisen mit dem Zug bieten eine gute Gelegenheit, Land und Leute näher kennenzulernen

MIT DEM AUTOBUS

Expressbusse verbinden die Städte; als Luxusbusse sind sie klimatisiert und mit Video ausgestattet. Lange Überlandfahrten mit öffentlichen Bussen sind abenteuerlich, besonders auf stark befahrenen Strecken (riskante Überholmanöver). Fahrkarten (für Langstrecken vorab reservieren!) sind an den Busbahnhöfen und in Agenturen erhältlich. In vielen Städten gibt es mehrere Busterminals für Überlandbusse.

PALAST AUF RÄDERN

Reisen wie einst die Maharajas ist kein Traum. Der klimatisierte Luxuszug **Palace on Wheels** fährt jeden Mittwoch ab New Delhi ins märchenhafte Rajasthan und zurück. Jeder der stilvoll dekorierten Salonwagen, einst Stolz der Maharajas, wurde von Hotelketten detailgenau nachgebaut, klimatisiert und mit Gesellschaftsraum und vier Zweibettabteilen den Komfortansprüchen der heutigen Zeit angepasst. Jeder Wagen hat einen Diener. In den Speisewagen »Maharaja« und »Maharani« werden europäische und indische Köstlichkeiten serviert.

Die achttägige Reise führt in die Maharajastädte Jaipur, Jaisalmer, Jodhpur, Udaipur, zur Festung von Chittorgarh, zu den Nationalparks von Bharatpur und Ranthambore sowie nach Agra, wo das Taj Mahal den krönenden Abschluss bildet. Inbegriffen sind Vollverpflegung, geführte Besichtigungen, Eintrittsgelder, ein Kamelritt in Jaisalmer und eine Bootsfahrt in Udaipur. (Je nach Saison zwischen 3000 und 4000 € pro Person in der Doppelkabine; Gruppenreise günstiger). Siehe z. B. www.bahnurlaub.de, www.nostalgiereisen.de oder www.thepalaceonwheels.com.

DAS CAFÉ DER HELDINNEN

Die Fassade von Sheroes' Hangout ist indisch-knallig, innen ist es sehr gemütlich

ÜBERRASCHUNG AUF DEN ZWEITEN BLICK

Gar nicht weit vom berühmten Taj Mahal entfernt, das einst gebaut wurde, um die die Schönheit einer Frau zu feiern, erinnert ein Café in Agra daran, wie brutal Frauen in Indien attackiert werden können.

Der bunte New-Age-Look von Sheroes' Hangout wirkt zunächst nicht überraschend, nicht einmal das farbenfrohe Wandbild eines weiblichen Gesichts. Was es bedeutet, begreift man erst später. Mit einer Videodokumentation erläutert das Café den Gästen das harte Los, das dem weiblichen Personal ins Gesicht geschrieben ist: die Narben von Säureattacken.

Wie viele Frauen in Indien dieses Schicksal erleiden, will niemand so genau wissen. Etwa 1000 Fälle pro Jahr sind es mindestens; die Dunkelziffer liegt wohl erheblich höher.

DIE SÄURE DES FRAUENHASSES

Warum ausgerechnet Säure? Sie ist in Indien leicht und für Centbeträge erhältlich, als Toilettenreiniger oder in Geschäften mit Autozubehör. Gesetze, die den Erwerb erschweren sollen, greifen kaum. Opfer dieser Säureattacken werden in Indien fast ausschließlich junge Frauen. Die Motive sind haarsträubend: Rache für die Zurückweisung sexueller Avancen, ein abgelehnter Heiratsantrag oder ein Disput zwischen Familien über Landbesitz. Oder ein Ehemann schüttet seiner Frau Säure ins Gesicht, weil sie ihm »nur« Mädchen geboren hat. Oft finden diese brutalen Attacken in aller Öffentlichkeit statt. Die Angreifer kennen kein Schuldgefühl, und meist erwartet sie nur eine lächerliche Strafe. 18 Monate Haft ist schon viel.

Für die Frauen ist dagegen das Leben, wie sie es kannten, nach einer solchen Attacke zu Ende. Oft verlieren sie ein Auge, manchmal beide, oder die Säure zerstört Nase und Ohr. Die Schmerzen sind entsetzlich. Die hohe Infektionsgefahr im tropischen Indien macht alles nur noch schlimmer. Chirurgische Korrekturen sind langwierig und teuer. Zwar sollen sie laut Gesetz inzwischen kostenlos sein, doch auf dem Land gibt es entsprechende Kliniken gar nicht.

Die Familien machen oft die Opfer selbst für ihr Schicksal verantwortlich, entziehen sie den Blicken der Öffentlichkeit, verstoßen sie aus Scham oft ganz. Die Mädchen und Frauen verlieren ihre Ausbildung, ihre Arbeit, jegliche Chance auf eine eigene Familie, und bleiben allein mit ihrem psychischen Trauma. Die staatliche Entschädigung ist mit umgerechnet 3000 Euro lächerlich gering und wird oft gar nicht bezahlt. Selbst Zeugenschutz verweigert man den Frauen, obwohl die Täter ihnen nicht selten weiterhin nachstellen.

CAFÉ DER HOFFNUNG

Für diese Frauen bietet Sheroes' Hangout die Chance, wieder in ein selbstbestimmtes Leben in Würde zurückkehren zu können. Sich nicht mehr zu verstecken bedeuet indes zunächst eine große Überwindung, und so ist der Name des Cafés Programm: Es sind Heldinnen, »She-Heroes«, die hier arbeiten.

Per Crowdfunding ins Leben gerufen wurde Sheroes' Hangout durch die Chhanv Foundation. Deren (männliche) Gründer, die Journalisten Alok Dixit und Ashish Kumar, hatten bereits 2013 über Säureattacken berichtet und setzen sich seitdem vehement für die Rechte der Opfer ein, u.a. mit der Kampagne »Stop Acid Attacks«.

Doch nicht sie wollen im Vordergrund stehen. »My beauty is my smile« ist auf den T-Shirts des Cafépersonals zu lesen, und darum geht es. Tatsächlich lächeln die Frauen viel, die hier kochen, servieren, malen, nähen und die hauseigene Bibliothek betreuen. Bald weicht der Schock Bewunderung angesichts der ungebrochenen Lebensfreude und des Stolzes, den die Sheroes ausstrahlen. Nur zu gern würden die Behörden unter Anführung fadenscheiniger Gründe das Café schließen. Das »Problem« soll aus dem Sichtfeld der Touristen verschwinden. Doch Touristen machen weit über Hälfte der Gäste aus; ohne sie wäre das Projekt längst gescheitert.

Auf der Karte stehen keine Preise für die leckeren Gerichte, man gibt, was man will, und gerne kauft man auch das Kunsthandwerk der Frauen. Nicht aus Mitleid, sondern als Hommage an den Mut und den Erfolg der Sheroes, die keine Opfer mehr sein wollen und dafür sorgen, dass man ihr Schicksal in Indien nicht mehr übersehen kann.

Sheroes' Hangout C2
- Fatehabad Road, opposite The Gateway Hotel | Taj View Chowrah
  282001 Agra
  Tel. 0562/40 04 01
  www.sheroeshangout.com
  tgl. 9–21 Uhr

MIT DEM MIETWAGEN

Zahlreiche indische Agenturen bieten Mietwagen mit Fahrer nach Bedarf an. Man kann auch über das Internet buchen (z. B. über www.carrental-india.com). Oft ist es einfacher, am Ende einer Tour den Chauffeuer mit dem Mietwagen allein zurückzuschicken und mit dem Flugzeug weiterzureisen, als noch einen Extrafahrtag (womöglich sogar mit Übernachtung) auf sich zu nehmen. In Indien selbst Auto zu fahren ist nicht empfehlenswert. Es herrscht Linksverkehr.

UNTERKUNFT

Das indische Tourismusministerium bewertet die Qualität der Unterkünfte im Land nach einem Sternesystem in den Kategorien 5-Sterne-Deluxe bis 1 Stern. Die aktuelle Liste findet man auf der Website des Ministeriums: www.tourism.gov.in (im Menü »Hotels« anklicken).

Die teuren **Luxushotels** der großen Metropolen sind auf die Erwartungen europäischer und amerikanischer Kunden abgestimmt. Mehrere Restaurants, eine Einkaufsarkade und der obligatorische Swimmingpool entspre-

Fürstlich wohnt man im Hotel Umaid Bhawan Palace in Jodhpur, Rajasthan

chen der 5-Sterne-Kategorie. Die höchsten Preise dabei haben die Oberoi-Hotels und die Luxury Resorts in einigen Palasthotels in Rajasthan.

Mehr Lokalkolorit besitzen die sogenannten **Heritage Hotels,** die keiner üblichen Hotelnorm entsprechen und, abhängig von Größe, Ausstattung und Komfort, im Bereich zwischen fünf und drei Sternen einzuordnen sind. Viele von ihnen befinden sich in Rajasthan. Wer den Hauch von Nostalgie schätzt, ist in diesen romantischen Häusern sicher gut untergebracht (Informationen unter www.heritagehotels.com; › auch Seitenblick S. 32).

Alles, was **weniger als drei Sterne** hat, ist bestenfalls schlicht. Sauberkeit und Sanitäreinrichtungen lassen in diesen unteren Kategorien mehr oder weniger zu wünschen übrig, die Wände sind dünn, und die Geräuschkulisse ist entsprechend.

Die Häuser der größten indischen Hotelketten Taj (www.tajhotels.com), Oberoi (www.oberoihotels.com) und ITC Hotels (www.itchotels.in) sind in der oberen Preiskategorie angesiedelt.

Gleiches gilt auch für die Joint-Venture-Hotels der internationalen Ketten Hyatt, Sheraton, Holiday Inn usw. Regulär kosten sie alle deutlich über 200 US-$ pro Zimmer und Nacht, bieten aber vielfach auch Sondertarife und können über internationale Reservierungssysteme online mitunter preisgünstiger gebucht werden. Eine rechtzeitige Reservierung, v.a. in den Geschäftszentren Delhi und Mumbai, ist unerlässlich.

Die höchsten Übernachtungspreise haben die Hotels in den Metropolen Delhi, Chennai und Mumbai. Hotels der oberen Kategorien weisen ihre Preise überwiegend in US-Dollar aus.

Die Preisangaben verstehen sich jeweils ohne Berücksichtigung der Zusatzssteuern, die in den verschiedenen indischen Bundesstaaten unterschiedlich hoch ausfallen (zwischen zehn und 20 Prozent).

ERHOLSAMES WOHNEN

- Mitten auf dem Land ist man im **Udai Bilas Palace** in Dungarpur. Ausflüge zu Fuß, mit dem Fahrrad und zu Pferd werden angeboten. › S. 33
- Der kleine, in einem ehemaligen königlichen Pferdestall eingerichtete Garden Retreat des Hotels **Bal Samand Lake Palace** in Jodhpur hat einen atemberaubenden Garten mit eigenem Stausee. › S. 90
- Den ruhigsten Strand von Goa genießen kann man im sehr komfortablen **The LaLiT Golf & Spa Resort Goa.** › S. 114
- Im Städtchen Mahabalipuram lässt es sich gut abschalten im **Radisson Temple Bay Resort** mit Blick aufs Meer und Tempel. › S. 123
- Entspannung pur findet man in der **Coconut Lagoon** in schönen Cottages (Dusche unter freiem Himmel!) in den Backwaters. › S. 133

SCHLAFEN WIE EIN MAHARAJA

Das Fateh Prakash Palace Hotel am Ufer des Pichola-Sees in Udaipur

FÜRSTLICHES FLAIR

Herrschaftliche Paläste, Villen und Jagdschlösser, die bis vor Kurzem Residenzen von Königen und Adligen waren: Keines der unter **Heritage Hotels** eingestuften **Palasthotels** gleicht dem anderen, und selbst die Zimmer innerhalb eines Hotels besitzen ihren individuellen Charakter und unterscheiden sich in Größe und Ausstattung.

Prunkvolle Suiten mit Himmelbetten und silbernem Mobiliar werden ebenso angeboten wie spartanische Kammern. Die mit Trophäen geschmückten Salons und spiegelverzierten Audienzhallen sind museumsreif. Durch labyrinthartige Gänge huschen dienstbare Geister, höflich darauf wartend, ob Gäste den Weg in den Speisesaal finden oder Probleme mit den nostalgischen Lichtschaltern haben. Jedes Gemälde erteilt Geschichtsunterricht, selbst jeder Raum ist seine eigene Story wert.

Besonders viele Palasthotels gibt es in Rajasthan. Wer dorthin reist, sollte mindestens einmal in einem solchen übernachten. Vor allem in den kleineren fühlt man sich noch als Gast des Hauses – die persönliche Betreuung wiegt manche technische Mängel auf.

VERSCHWENDERISCHER LUXUS IN PALASTHOTELS

Die ersten Palasthotels öffneten in den 1960er-Jahren ihre Pforten, die ersten Hausherren waren die Nachfahren der Fürsten und Könige, die neue Geldquellen erschließen mussten. Entsprechend großartig sind die Räumlichkeiten – mittlerweile leider auch sehr teuer und zumeist an Hotelketten verpachtet.

Eine märchenhafte 1001-Nacht-Romantik bietet z. B. die frühere Residenz der Herrscher von Mewar in Udaipur. Die stilvollen Suiten in den Palästen **Fateh Prakash** oder **Shiv Niwas** sind großzügige Zimmerfluchten mit Originalporträts der königlichen Familie; imposante Kronleuchter und kostbare Miniaturen, Möbel aus Kristall und Silber, Samt und Seide überall! Ein exklusives Ambiente hoch über dem Pichola-See, das der Traumwelt des Films entsprungen scheint.

Die preiswerteren Standardzimmer im Shiv Niwas Palace Hotel sind dagegen erheblich schlichter, von verschwenderischem Luxus ist hier keine Rede.

- **Fateh Prakash Palace** €€€ B3
  City Palace Complex Udaipur
  Tel. 0294/252 80 16
  www.hrhhotels.com/hotels/fateh_prakash_palace
- **Shiv Niwas Palace Hotel** €€€ > S. 87
  Buchung beider Palasthotels über:
  Tel. 0294/2 52 80 16
  www.heritagehotels.com

ERBE AUS ALTER ZEIT

Mittlerweile sind auch die Familien des ehemaligen Adels oder reicher Händler auf den Zug der **Heritage Hotels** aufgesprungen. Jedes geschichtsträchtige Gebäude – und davon gibt es viele in Indien! –, das vor 1950 gebaut wurde und mehr als fünf Zimmer hat, kann nach entsprechender Renovierung vom Department of Tourism als Heritage Hotel eingestuft werden, eine Klassifizierung ist nicht erforderlich. Die Zimmer in diesen Hotels können sehr unterschiedlich sein.

Die Nachfrage ist groß, die Anzahl der Zimmer gering, eine rechtzeitige Buchung daher erforderlich über www.heritagehotels.com.

Etwas abseits der ausgetretenen Pfade liegen:

- **Udai Bilas Palace** €€€ B3
  Dungarpur (150 km südlich von Udaipur)
  www.udaibilaspalace.com
- **Samode Palace** €€€ B2
  Samode (70 km nördlich von Jaipur)
  www.samode.com

Wandmalereien im Samode Palace

Pilger beim rituellen Bad im Ganges während des Kumbh-Mela-Fests in Haridwar

LAND & LEUTE

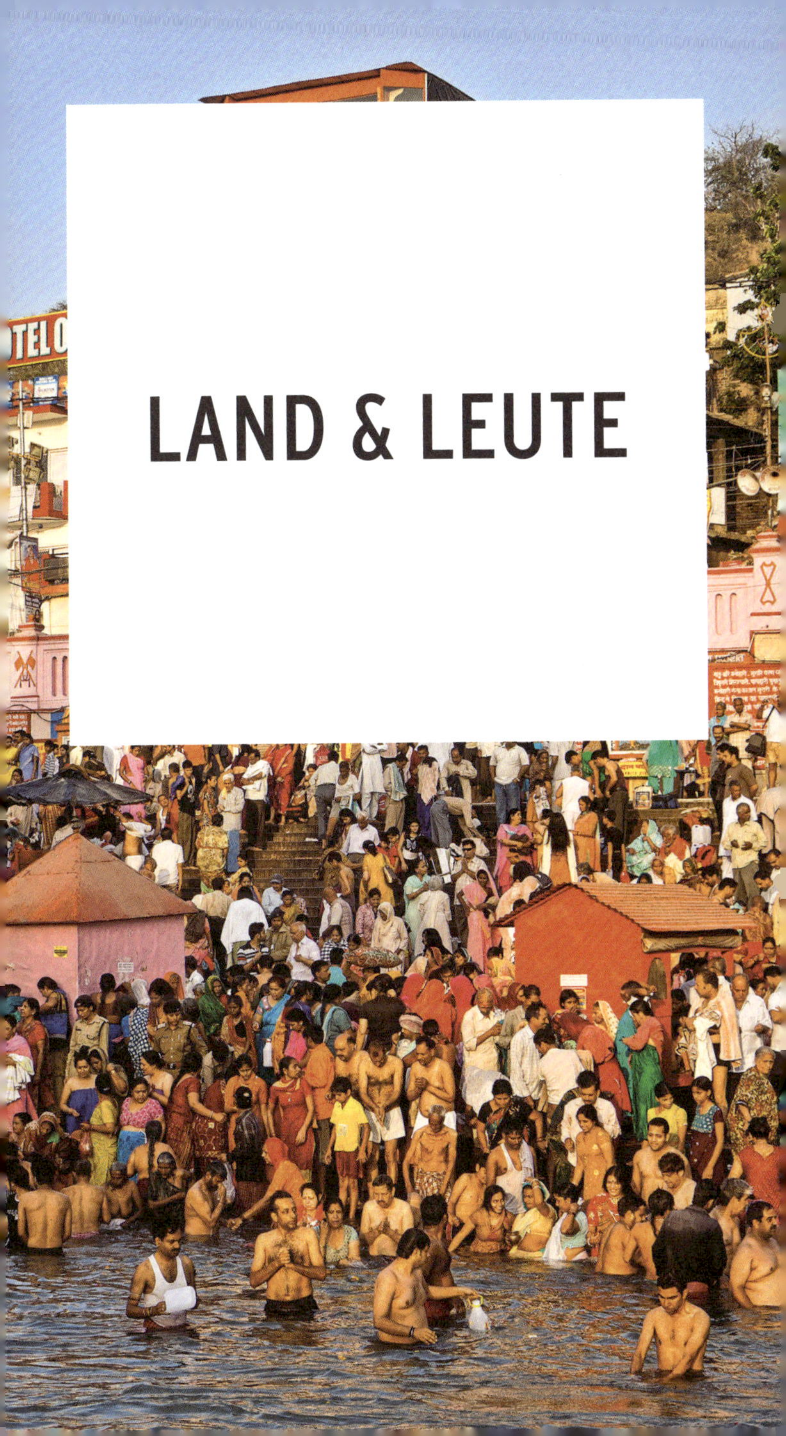

STECKBRIEF

- **Fläche:** 3 287 782 km² (20 % Waldbestand; 50 % fruchtbares Agrarland, ca. 1/3 bewässert)
- **Einwohner:** 1,38 Milliarden
- **Größte Metropolregionen (Einwohner):** Mumbai (über 28 Mio.), Delhi (22 Mio.), Kolkata (über 14 Mio.), Chennai (9 Mio.), Bangalore (8,5 Mio.)
- **Stadtbevölkerung:** 32 %
- **Bevölkerungswachstum:** ca. 1,14 %
- **Bevölkerung unterhalb der Armutsgrenze:** ca. 30 %
- **Durchschnittseinkommen im Jahr:** 1939 US-$ (Kaufkraftparität 7200 US-$)

- **Amtssprache:** 16 gleichberechtigte Regionalsprachen und Englisch
- **Landesvorwahl:** 0091
- **Währung:** Indische Rupie (INR, Rs)
- **Zeitzone:** MEZ + 4,5 Std., während der europäischen Sommerzeit + 3,5 Std.

LAGE UND LANDSCHAFT

Die Republik Indien (Bharat) erstreckt sich auf 3214 km von Nord nach Süd und an der breitesten Stelle über 2700 km von West nach Ost. Indien grenzt im Nordwesten an Pakistan, im Norden an China und Nepal, im Nordosten an Bhutan, im Osten an Bangladesh und Myanmar (Birma). Im Südwesten erstreckt sich das Arabische Meer, im Südosten der Golf von Bengalen.

Vier Großlandschaften kennzeichnen den Subkontinent. Die Gebirgsketten des **Himalaya** schirmen das Land nach Norden hin ab. Der höchste Berg Indiens, der 8590 m hohe Kangchendzönga, liegt im 1975 annektierten Unionsstaat Sikkim.

Die fruchtbaren **Schwemmlandebenen** der Flusssysteme von **Indus, Yamuna, Ganges und Brahmaputra,** die sich südlich an die Berge anschließen, zählen seit undenklichen Zeiten zu Südasiens wichtigsten Siedlungsräumen. Im Steppengürtel der Welt hingegen liegt die **Wüste Thar** im Nordwesten Indiens.

Den Hauptanteil der Landmasse macht die Hochebene des **Dekkan-Plateaus** aus. Die erdgeschichtlich älteste Scholle in Form eines sich nach Süden hin zuspitzenden Dreiecks wird von den parallel zu den Küsten verlaufenden Gebirgszügen der West- und Ostghats umrahmt. Nach Süden hin steigt das Plateau an, höchste Erhebungen des Südens sind die Nilgiri-Berge (2695 m) und das Kardamomgebirge (2424 m), das bis Kap Komorin, der südlichen Landspitze, reicht.

POLITIK UND VERWALTUNG

1947 wurden die unabhängigen Staaten Indien und Pakistan ausgerufen. Seitdem ist Indien eine demokratische Republik mit föderaler Struktur. An der Spitze der Regierung steht der Premierminister, Oberhaupt des Staates ist der Staatspräsident. Derzeit ist die Republik in 29 Unionsstaaten mit eigenen Länderparlamenten sowie sieben zentral regierte Unionsterritorien gegliedert.

Jahrhundertelange koloniale Abhängigkeit, die Indien eigentümliche Gesellschaftsform und die enorme Diversität der Bevölkerung haben dazu geführt, dass die aus dem Westen importierte Staatsform neue Inhalte und spezielle Probleme hervorgebracht hat. So gibt es heute zahlreiche nur bestimmte Bevölkerungsgruppen vertretende Parteien, die ausschließlich als Teil von Koalitionen regierungsfähig sind.

Besonders zwischen Nord und Süd klafft ein tiefer Graben. Der Dauerkonflikt mit Pakistan um den Bundesstaat Kaschmir findet seine Fortsetzung im Konflikt zwischen der muslimischen Minderheit und der hinduistischen Mehrheit im Land. Neue aggressive politische Kräfte wie die Parteien und Organisationen des Hindu-Nationalismus (Hindutva) haben sich auf diesem Nährboden gebildet und stellen die vielleicht ernsthafteste Gefahr für den Frieden im Land dar.

NATUR UND UMWELT

Von Natur aus wäre der größte Teil des Subkontinents mit unterschiedlichen Arten Wald (vom immergrünen bis zum trockenen Buschwald) bedeckt, ca. 25 % wären Steppe oder Wüstensteppe. Durch das atemberaubende Bevölkerungswachstum der letzten 50 Jahre existieren jedoch fast keine reinen Naturlandschaften mehr. Offiziell gibt es noch 20 % Wald, meist in Berglagen, aber ein Großteil davon ist durch Übernutzung stark geschädigt. Größere Naturlandschaften sind nur noch in den mehr als 80 Nationalparks und über 400 Naturschutzgebieten zu finden, die zusammen ca. 90 000 km² umfassen. Dort leben Tiger, Elefanten, Antilopen und viele andere Tiere, die ebenso vom Aussterben bedroht sind. Eindrucksvoll ist auch der Artenreichtum der Vögel.

Das größte Umweltproblem ist der starke Bevölkerungsdruck und damit die Übernutzung der Ressourcen, etwa des Grundwassers, sowie die rasant wachsende Verstädterung.

Hochgebirgswüste in Ladakh

GESCHICHTE IM ÜBERBLICK

3. Jt. v. Chr. Im Westen des Subkontinents existiert die erste städtische Hochkultur mit Siegeln aus Speckstein, Tonidolen und Bilderschrift, die sogenannte Induskultur. Hauptfundorte sind Mohenjo Daro und Harappa im heutigen Pakistan.
1400 v. Chr. Einwanderung indoeuropäischer Nomadenvölker aus Zentralasien, Überlagerung und Vermischung mit der Urbevölkerung.
6. Jh. v. Chr. Die zweite Stadtkultur in der Gangesebene entsteht. Der Buddha und der Begründer des Jainismus, Mahavira, wirken als Reformatoren.
273 – 232 v. Chr. Unter Kaiser Ashoka wird der Buddhismus Staatsreligion.
4.– 7. Jh. n. Chr. Großreich der Gupta-Dynastie, sogenannte klassische Zeit.
8.–13. Jh. Zeit der hinduistischen Regionalreiche mit kleinen Staaten, aber großer kultureller Blüte. Wichtigste Tempelbauzeit.
12.–16. Jh. Der legendäre Reichtum Indiens lockt gleichzeitig mehrere Wellen von Eroberern aus Afghanistan und Zentralasien an. Das Delhi-Sultanat wird gegründet. Darauf folgen mehrere muslimische Dynastien und eine Erweiterung deren Macht bis nach Zentralindien.
14.–16. Jh. Die mächtigsten hinduistischen Staaten entstehen in Ostindien (Orissa) und Südindien (Vijayanagara).
1398 Der Turkmongole Tamerlan (Timur Lenk) plündert die Hauptstadt des Delhi-Sultanats.
1498 Vasco da Gama landet in Indien, europäische Händler und Missionare lassen sich an der Westküste nieder.
1526 Babur, ein Nachkomme Tamerlans, begründet die Ära der Mogulkaiser in Indien.
1555–1605 Kaiser Akbar (Enkel von Babur und Sohn Humayuns) dehnt das Mogulreich fast auf die Gesamtfläche des Subkontinents (mit Ausnahme des Südens) aus.
1603 Die privatwirtschaftliche Organisation der Britischen Ostindienkompanie gründet, gefördert von den Moguln, Handelsniederlassungen (Bombay, Madras, Kalkutta) und beginnt, nach und nach die Konkurrenten im Seehandel auszuschalten.
1628–1658 Regierungszeit von Mogulkaiser Shahjahan (Erbauer des Taj Mahal).
1658–1707 Regierungszeit Aurangzebs, des letzten großen Mogulkaisers. Nach seinem Tod zerfällt das Mogulreich, mehrere neue Machthaber versuchen, die Nachfolge anzutreten.
1757 Die Ostindienkompanie unterstützt den machtlosen Mogul gegen abtrünnige Provinzgouverneure und bekommt dafür die Steuereinnahmerechte für Bengalen geschenkt. Der enorme Profit leitet den Kampf um mehr und mehr Land ein.

1818 Die Ostindienkompanie schlägt ihren Hauptkonkurrenten, die Marathen. Riesige Territorien fallen ihr zu.

1857/58 Der Sepoy-Aufstand wird von den Briten mit Hilfe loyaler indischer Fürsten unterdrückt. Indien wird als Kronkolonie der britischen Regierung unterstellt.

1877 Queen Victoria wird Kaiserin von Indien.

1885 Gründung des Indian National Congress; die Befreiung von der Fremdherrschaft wird angestrebt.

Ab 1920 Mahatma Gandhi ruft zum gewaltlosen Widerstand gegen die Engländer auf, das Unabhängigkeitsstreben wird zur Massenbewegung.

15.8.1947 Aus Britisch-Indien entstehen zwei neue unabhängige Staaten: Indien und Pakistan. Jawaharlal Nehru wird erster Premierminister der Republik Indien. Die aus der Unabhängigkeitsbewegung hervorgegangene Kongresspartei wird zur allbeherrschenden Partei. Einführung des sozialistischen Wirtschaftskonzeptes nach sowjetischem Vorbild.

1948 Erster indo-pakistanischer Krieg um Kaschmir, welches beide Länder beanspruchen. Mahatma Gandhi wird von einem fanatischen Hindu erschossen.

1959 Nach der Annexion Tibets durch China wird das Reich der Mitte Hauptkonkurrent von Indien.

1965 Der zweite indo-pakistanische Krieg führt zur Festlegung der Waffenstillstandslinie in Kaschmir, aber der Konflikt bleibt ungelöst.

Mahatma Gandhi

1966 Indira Gandhi, Nehrus Tochter, wird Premierministerin.

1971 Dritter indo-pakistanischer Krieg; das von Indien unterstützte Ostpakistan wird zum selbstständigen Bangladesh.

1977 Erstmals gewinnt eine andere Partei als die Kongresspartei die Wahlen.

Juni 1984 Militärs stürmen den Goldenen Tempel in Amritsar, Hauptquartier der militanten Sikhs. Am 30.10. Ermordung Indira Gandhis durch einen Sikh.

1985 Neuer Premierminister wird Indiras Sohn Rajiv Gandhi.

1988 Nach dem Abzug der Sowjets aus Afghanistan beginnt der Terror in und um Kaschmir. Seit dieser Zeit immer wieder Anschläge in Kaschmir, aber auch in vielen großen Städten Indiens.

1991 Ermordung von Rajiv Gandhi durch einen Extremisten der Tamil Tigers aus Sri Lanka. Unter seinem Nachfolger Narasimharao wird die wirtschaftliche Liberalisierung eingeleitet.

1991 Die hindunationalistische Bharatiya Janata Party (BJP) steigt zum stärksten Konkurrenten der Kongresspartei auf, erst auf Länderebene, später auch im Zentrum.

1998 Die BJP stellt erstmals die neue Regierung, Trotz Dialogbemühungen bleibt das Verhältnis zu Pakistan gespannt.

2004 Die Kongresspartei gewinnt die Wahlen. Manmohan Singh wird Premierminister. Am 26. Dezember fordert der Tsunami in Tamil Nadu sowie auf den Andamanen und Nikobaren Tausende Todesopfer.

2008 Die USA und Indien besiegeln ihre Annäherungspolitik (Krieg gegen den Terror, Ausweitung der Demokratie) mit dem »Nuclear Deal«, der den 30-jährigen Bann, mit radioaktiven Materialien zu handeln, aufhebt. Die terroristischen Anschläge mit dem Ziel, Kaschmir für Pakistan zu vereinnahmen, reißen nicht ab. Hauptleidtragende sind die angefeindeten Muslime in Indien.

2009 Die Wirtschaftskrise bleibt auch in Indien nicht folgenlos. Bei den Parlamentswahlen siegt die Kongresspartei erneut.

2011 Erstarkung sezessionistischer Bewegungen in etlichen Bundesstaaten, darunter Andhra Pradesh, Assam, Uttar Pradesh und Westbengalen.

2014 Sieg der BJP bei den Parlamentswahlen. Premierminister wird Narendra Damodardas Modi (BJP). Als 29. Bundesstaat Indiens konstituiert sich Telangana, zuvor ein Teil von Andra Pradesh.

2016 Im November lässt Modi über Nacht die 500- und 1000-Rupien-Scheine (86 % des Bargelds) für ungültig erklären, was zu erheblichen wirtschaftlichen Problemen führt.

2017 Erdrutschsieg der BJP bei den Regionalwahlen in Uttar Pradesh.

2019 Die BJP gewinnt bei den Parlamentswahlen im Mai die absolute Mehrheit; Narendra Modi tritt seine zweite Amtszeit als Premierminister an.

DIE MENSCHEN

VIELZAHL

Man kann wohl mit Fug und Recht behaupten, dass die Bevölkerungsexplosion Indiens größtes Problem ist. War im Jahr 1900 Indien mit 280 Millionen Menschen im Prinzip noch unterbevölkert, liegt die Einwohnerzahl jetzt bereits bei knapp 1,4 Milliarden. Gründe sind die verbesserte medizinische Versorgung, das Fehlen von akuten Hungersnöten (denen früher manchmal Millionen Menschen zum Opfer fielen) und die erfolgreiche Seuchenbekämpfung. All das hat die Lebenserwartung sprunghaft ansteigen lassen.

1951 lag die durchschnittliche Lebenserwartung noch bei 32 Jahren, heute hat sie sich auf 69,1 Jahre mehr als verdoppelt. Leider passt sich die Geburtenrate nicht ebenso radikal an. Sie hat sich zwar schon stark verringert – von 5,4 Kindern (1951) auf 2,4 (2018, geschätzt) –, aber durch die Verzögerung gibt es jetzt fast nur junge Leute, die im gebärfähigen Alter sind, sodass eine Stabilisierung frühestens in der nächsten Generation zu erwarten ist.

Zwangsmaßnahmen zur Eindämmung des Bevölkerungswachstums wurden versucht, stoßen aber auf große Widerstände, wie Premierministerin Indira Gandhi in den 1970er-Jahren erfahren musste, als sie mit einem Zwangssterilisationsprogramm scheiterte.

VIELFALT

Atemberaubend ist die Vielfalt der Bevölkerungsgruppen in Indien. Gruppenidentitäten wurden und werden betont, denn sie waren immer ein wichtiges Mittel im Überlebenskampf. Im indischen Sprachgebrauch gibt es dafür das Wort *community*, Gemeinschaft. Community kann durch Sprache, Religionszugehörigkeit, Region, Kaste, Familie und mehr definiert sein. Jeder gehört zu einer oder mehrerer solcher Gruppen und befindet sich dadurch in einem sozialen Netz von Beziehungen und Abhängigkeiten.

Bis vor wenigen Jahrzehnten waren die verschiedenen Gruppen durch ihre die Unterschiede betonende Kleidung und bestimmte andere Zeichen leicht zu identifizieren. Heute ist das stark verwischt, aber beim genaueren Hinsehen immer noch sichtbar.

Gemüseverkäuferin am India Gate, Neu-Delhi

Angehörige der Religionsgemeinschaft der Sikhs im Norden Indiens tragen z. B. häufig Turbane und Vollbärte. In Rajasthan dagegen ist der Turban das Zeichen der Zugehörigkeit zu verschiedenen hinduistischen Bauernkasten. Sikh-Frauen tragen niemals Saris, sondern Hosenanzüge. Verheiratete hinduistische Frauen dagegen tragen fast immer Saris (außer sie wollen sich ganz besonders modern geben). Die Saris werden unterschiedlich gewickelt, je nachdem, aus welcher Region die Frauen stammen. In Rajasthan zieht man den Sari über die rechte Schulter, in Bengalen über die linke. In Zentralindien wird der Sari zwischen den Beinen hindurchgezogen. In Tamil Nadu tragen Anhänger des Gottes Vishnu drei senkrechte Streifen auf der Stirn, Shivaiten drei waagerechte. Dies alles ist nicht Ausdruck einer persönlichen Vorliebe, sondern der Gruppenzugehörigkeit.

KASTEN

Seit weit vorchristlicher Zeit fand in Indien ein Prozess statt, in dessen Verlauf sich eine Vielzahl gesellschaftlicher Hierarchien bildete, denn Faktoren wie Klima und Wirtschaftslage haben kooperative Gruppen begünstigt, die größer als eine Familie, aber trotzdem zahlenmäßig überschaubar sind. Solche Gruppen konnten gemeinsam effizienter agieren als Einzelpersonen. Im Lauf der Zeit verfestigten sich die Zugehörigkeiten, da die Mitglieder nur untereinander heirateten und gemeinsame Sitten entwickelten. Zwischen den Gruppen entstand Konkurrenz, Hierarchien bildeten sich. Manche, meist diejenigen, die am meisten Land besaßen, wurden dominant, diejenigen, die nicht mithalten konnten, wurden wirtschaftlich und sozial an den Rand gedrängt. Abgrenzungsregeln entstanden, aber auch vielfältige Überlappungen, denn die unterschiedlichen Kasten blieben durch gegenseitige Dienstleistungen voneinander abhängig.

Gelehrte (Brahmanen) versuchten, Ordnung in dieses Chaos der Gruppen und Hierarchien zu bringen. Ihrer Theorie nach tragen die Angehörigen der verschiedenen Gruppen Grundmerkmale *(gunas)* in unterschiedlichen Mischungsverhältnissen in sich, die ihren Charakter bestimmen. Der Charakter wird anhand des Prinzips »Reinheit« bewertet. Rein ist z. B. jemand, der kein Fleisch isst, keinen Alkohol zu sich nimmt, nur einmal heiratet usw., besonders unrein ist jeder Kontakt mit Dingen und Gegebenheiten wie Tod und Exkrementen.

Hierauf geht das Konzept der vier Varnas (Brahmanen als Gelehrte und Priester, Kshatriyas als Krieger, Vaishyas als Händler und Bauern, Shudras als Bauern und niedere Dienstleister) zurück.

Immer hat es Konflikte um die Position in den Hierarchien gegeben. Manche, wie die Religionsgemeinschaft der Jainas, haben sich auch ganz daraus verabschiedet, wurden dann aber von den anderen in ihrer Gesamtheit wiederum nur als Kaste wahrgenommen.

Das Konzept der Gleichheit aller Menschen wurde besonders in der Unabhängigkeitsbewegung propagiert und hat zu einer starken Gegenbewegung gegen die Existenz von Kasten und Kastendiskriminierung geführt. Heute übersetzt sich das in die Politik der Quoten. In jedem Bundesstaat werden die »benachteiligten Kasten und Stämme« von einer Kommission identifiziert. Wer dazugehört, kann Reservierungen bei Ausbildungsplätzen, Stellen im öffentlichen Dienst und andere Vorteile in Anspruch nehmen.

Da es äußerst schwierig ist, korrekte Identifizierungen vorzunehmen, ist dieser Status heute zu einem Politikum geworden, um den wieder der gleiche Konkurrenzkampf entbrannt ist wie früher um die oberen Positionen. Dennoch hat sich dadurch die Situation der niedersten Kasten (der sogenannten Unberührbaren) sehr verbessert, wenn auch die Diskriminierung noch lange nicht vorbei ist.

SPRACHE & SCHRIFT

Die älteste bekannte Sprache ist das grammatisch komplizierte und sehr wortreiche Sanskrit, das als indoeuropäische Sprache mit den unseren verwandt ist.

Die ältesten mündlich überlieferten Texte stammen aus dem 2. Jahrtausend v. Chr., die ersten Schriftzeugnisse aus dem 3. Jh. v. Chr. Aus dieser frühen Schrift haben sich viele asiatische Schriften entwickelt, nicht nur die zehn heutigen indischen, sondern auch die srilankische, burmesische, thailändische, tibetische usw. Alle sind Buchstabenschriften, die von links nach rechts geschrieben werden.

Sanskrit war vielleicht nie eine Umgangs-, sondern nur eine Hochsprache für Gebildete. Aber aus ihr oder ihrem umgangssprachlichen Vorläufer haben sich alle heute in Nordindien gesprochenen Sprachen gebildet. Bis nach Südindien sind diese allerdings nicht vorgedrungen, dort gibt es eine eigenständige Sprachfamilie, das Drawidische.

176 Sprachen haben Forscher auf dem Subkontinent gezählt, davon werden allerdings »nur« 26 jeweils von mehreren Millionen Menschen gesprochen. Zu den nordindischen Sprachen gehören etwa Hindi, Bengali, Gujarati, Urdu, Rajasthani und Marathi, zu den südindischen Tamili, Kannada und Malayalam. 1835 erklärten die Briten Englisch zur Amtssprache. Zwar gab es nach der Unabhängigkeit eine starke Gegenbewegung gegen diese Sprache, aber mittlerweile haben die Inder sie längst als Standortvorteil im glo-

Devanagari heißt die Schrift, mit der u. a. Sprachen wie Hindi, Marathi und Sanskrit geschrieben werden

balen Wettbewerb entdeckt. Englisch gilt als Tor zu Karriere und Reichtum. Privatschulen mit Englisch als Unterrichtssprache sind heiß begehrt.

Nach der Unabhängigkeit gab es Streit um die neue Amtssprache. So kam es, dass 16 Mehrheitensprachen als Landessprachen in den verschiedenen Bundesstaaten ausgewählt wurden; alle sind als offizielle Amtssprache zugelassen. Behörden, öffentliche Schulen und andere offizielle Stellen bedienen sich einer dieser 16 Sprachen. Des Weiteren darf man sich, z. B. im Parlament, auch auf Englisch äußern.

WIRTSCHAFT

Nach der Unabhängigkeit entschied sich die Regierung für ein sozialistisches Wirtschaftskonzept und einen abgeschotteten Markt. Indien war damals ein reiner Agrarstaat, in dem nur ein kleiner Teil der Bevölkerung überhaupt an der Geldwirtschaft teilnahm.

Nach anfänglichen Erfolgen, besonders in der Landwirtschaft (»Grüne Revolution«), begann die Wirtschaft in den 1980er-Jahren zu stagnieren und die Auslandsverschuldung zu wachsen. Anfang der Neunziger wurde dann die Liberalisierung der Wirtschaft eingeleitet. Das war der Auslöser des großen Booms, von dem heute so viel die Rede ist.

Seit dieser Zeit sind der Dienstleistungs- und der Industriesektor enorm gewachsen. In den letzten Jahren wurden ca. 23 % des Bruttoinlandsprodukts durch die Industrie und 61,5 % durch Dienstleistungen erwirtschaftet.

Softwareentwicklung ist ein boomender Wirtschaftszweig in Indien

Metallerzeugung, Mineralöl- und chemische Industrie sind die wichtigsten Produktionszweige. Besonders die Pharmaindustrie und die Biotechnologie sind die größten Wachstumssektoren. Ausländische Firmen dürfen nach wie vor nur in Form von Joint Ventures oder Lizenzbetrieben investieren.

Der eigentliche Renner ist jedoch die Dienstleistungsbranche, worunter auch die Informationstechnologie fällt. Analysten sehen in Indien das Zentrum des IT-Business in Asien mit weiteren enormen Wachstumskapazitäten. Den größten Anteil hat das sog. Offshore-Outsourcing. Dienstleistungen aller Art werden nach Indien ausgelagert: Softwareentwicklung, Archivierung, Abrechnung, Produktentwicklung, Forschung und Tests. Größter Vorteil Indiens ist das zahlreiche Personal; allein aus den staatlichen und privaten IT-Colleges drängen jedes Jahr ca. 100 000 gut ausgebildete Berufsanfänger in den Arbeitsmarkt.

In den letzten 20 Jahren ist durch die Liberalisierung eine kaufkräftige Mittelschicht von ca. 300 Mio. Menschen entstanden, die wiederum auch von ausländischen Firmen heftig umworben wird. Trotzdem ist Indien nach wie vor ein armes Land, denn zwei Drittel der Bevölkerung haben nicht an den neuen Möglichkeiten teil. Für diese bringt die neue Zeit nur steigende Kosten.

47 % der Bevölkerung leben heute von der Landwirtschaft (1951 waren es 93 %). Nach der Unabhängigkeit wurde durch Gesetze dafür gesorgt, dass sich kein Großgrundbesitz entwickeln konnte. So ist heute Indien die weltweit größte Landwirtschaft, die von Kleinbauern getragen wird. Wichtigste Kulturpflanze ist Reis, gefolgt von Weizen, Hirse, Mais und Gerste, wichtigste Agrarhandelsprodukte sind Zuckerrohr, Baumwolle, Jute und Erdnüsse. Indien ist der größte Teeproduzent der Welt und der viertgrößte Baumwolllieferant. Durch die »Grüne Revolution« (Verbesserung des Saatguts, Erweiterung der Bewässerung, Einsatz von Pestiziden und Kunstdünger) wurde erreicht, dass Indien seine wachsende Bevölkerung bis heute mit Grundnahrungsmitteln versorgen kann. Für viele Bauern bedeutete das bescheidenen Wohlstand, aber es gibt auch viele, die nicht genug Land haben, um ihre Familien zu ernähren. Die Globalisierung macht den Bauern sehr zu schaffen, denn mit den industrialisierten und subventionierten Großbauern in den westlichen Ländern können sie nicht konkurrieren.

RELIGIONEN

HINDUISMUS

Der Hinduismus kennt kein Dogma, keinen Gründer, kein Oberhaupt, keine übergeordnete Organisation. Genau betrachtet handelt es sich um mehrere Religionen. Kein Glaubenssatz ist für alle Hindus verbindlich. Aber weite Verbreitung hat das Konzept von Atman und Brahman, von Karma und Wiedergeburt. Demnach ist die Welt zyklisch ohne Anfang und Ende. Alles ist eins, beseelt und lebendig (Brahman). Im Lauf der Zeit spalten sich davon Einzelseelen (Atman) ab, die ein getrenntes Bewusstsein entwickeln, gute und schlechte Handlungen (Karma) begehen und dadurch in einen Kreislauf von Wiedergeburten geraten, der erst aufhört, wenn sie die Folgen ihrer Handlungen wieder abgebaut haben. Dann werden sie ihrer Identität mit Brahman gewahr (Moksha).

Das Brahman ist für den normalen Menschen weder begreifbar noch beschreibbar. Es gibt zwei Wege dorthin. Einmal den Weg der Askese und Meditation, die das Bewusstsein so verändert, dass man seiner gewahr werden kann. Oder den Weg der liebenden Hingabe, die eine totale emotionale Identifikation mit einer persönlichen Gottheit verlangt. Ein starkes Symbol der ursprünglichen allumfassenden Energie ist das Shiva-Lingam, eigentlich ein Phallus, der aber in diesem Zusammenhang die lebendige, vibrierende, zeugende Kraft des Universums verkörpert.

Da für die meisten Menschen das Gewahrwerden des Brahman in diesem Leben nicht möglich ist, verkörpert es sich aus Mitleid in den verschiedenen Göttern. Wenn Hindus zum Gottesdienst in den Tempel oder ihren Haus-

KLEINE GÖTTERKUNDE

Shiva – wichtigster Erlösergott, als solcher Asket und Herr der Asketen. Asketenhaare, Dreizack und Schlange als Attribute, in Südindien Gazelle und Axt. Totenköpfe symbolisieren die Überwindung von Leben und Tod. Reittier: Bulle.

Durga – kriegerische Göttin, sehr machtvoll ihr Beistand im Krieg, bei der Heilung von Krankheiten usw. Einzige Empfängerin von Tieropfern. Viele Arme und viele Waffen zeigen ihre nach außen gerichtete Energie. Reittier: Löwe/Tiger.

Vishnu – zweiter Erlösergott, eher dem königlich-zivilisatorischen Bereich zugehörig. Als König dargestellt. Muschelhorn, Rad und Keule als Attribute. Reittier: Sonnenadler Garuda.

Krishna – Inkarnation von Vishnu. Jugendlicher Held, besonders freundlich und der emotionalen liebenden Hingabe zugänglich. Blaue Farbe, Hirtenflöte.

Rama – Vergöttlichter Held des Ramayana. Inkarnation von Vishnu. Inbild der Stärke und Tugend. Heute Lieblingsgott der Hindu-Nationalisten. Attribute: Pfeil und Bogen.

Lakshmi – Freundliche, fruchtbringende Göttin. Frau von Vishnu. Lotos als Attribut, oft von Elefanten mit Wasser übergossen (Fruchtbarkeit).

Ganesha – Elefantenköpfiger Gott. Helfer in allen Schwellensituationen (Reisen, Prüfungen usw.). Meist in Nebenschreinen als Gottheit der täglichen menschlichen Kümmernisse. Reittier: Ratte.

Am goldenen Tempel von Amritsar

schrein gehen, wollen sie beim Anblick der Statue einen kurzen Moment des Begreifens der Identität ihrer selbst mit dem Brahman erlangen.

Durch die Verkörperungen des Brahman (das nichts mit dem Gott Brahma zu tun hat) konnten im Lauf der Zeit alle unabhängigen Gottheiten, die in den verschiedenen Regionen Indiens existierten, in das hinduistische Pantheon eingegliedert werden. Daher die sprichwörtlichen 300 Millionen Götter. Aber nur wenige davon haben gesamtindische Bedeutung › Seitenblick links.

Erst die Muslime, die Indien ab dem 12. Jh. eroberten, definierten die Inder auch als Angehörige einer Religion – eben Hindus. Hindus selbst hatten sich nie als solche bezeichnet. Ein schärferes Profil als Religion legte man sich erst in der Neuzeit zu, in jüngster Zeit in der Form des Hindu-Nationalismus (Hindutva), der die Idee »ein Volk, ein Vaterland, eine Religion« vertritt, was sich besonders gegen die muslimische Minderheit im Land richtet.

ISLAM

»Es gibt keinen Gott außer Gott, und Mohammed ist der Gesandte Gottes«, so lautet das islamische Glaubensbekenntnis. Der Islam ist die jüngste monotheistische Weltreligion, eine Offenbarungslehre, die auf den letzten Propheten Mohammed zurückgeht. 610 n. Chr., im Alter von 40 Jahren, empfing Mohammed die erste Offenbarung, die ihm vom Engel Gabriel übermittelt wurde. Weitere folgten in den nächsten 20 Jahren. Das Wesen der Religion liegt in der »Ergebung in Gottes Willen« (= Islam).

Glaubensgrundlage bildet das offenbarte Wort, niedergeschrieben im Koran. Die göttliche Offenbarungsschrift des Islam beinhaltet die grundlegenden Glaubensgebote sowie die ethischen Lehren in 114 Suren (Kapiteln). Hinzu kommen Berichte über frühere Propheten und die Schöpfungsgeschichte. Die im Koran enthaltenen Gesetze *(sharia)* führten zur Entstehung der islamischen Rechtswissenschaften.

Fünf Hauptpflichten bestimmen das Leben des Gläubigen: Der Glaube an einen einzigen Gott und der Anerkennung Mohammeds als dessen Propheten, fünf tägliche Gebete, Almosengeben, Fasten während des Ramadan und eine Pilgerfahrt nach Mekka *(hadsch)*. Der Koran ist auch Quelle vieler philosophischer und mystischer Lehren. In Indien ist der Heiligenkult unter dem Einfluss des Sufismus (mystischer Islam) › S. 79 weit verbreitet. Über 14 % der Bevölkerung des Staates Indien sind Muslime.

BUDDHISMUS

Um 500 v. Chr. wurde der Fürstensohn Siddharta Gautama in Lumbini (im heutigen Nepal) geboren, der nach seiner Erleuchtung zum Buddha, dem Erwachten, wurde. Dies war ein Zeit großer sozialer Umbrüche, und viele versuchten damals, neue Wege zu gehen.

Die ursprüngliche Lehre des Buddha (Theravada) ist eine Lehre der Selbsterlösung. Wie im Hinduismus wird der Glaube an Wiedergeburt und Karma vorausgesetzt, es gibt allerdings einen entscheidenden Unterschied: Im Buddhismus hat der Mensch keine ewige Seele. Angestrebtes Ziel ist die Loslösung aus dem Zyklus der Wiedergeburten und das Erreichen des Nirvana (Verlöschen).

Der Buddha erkannte, dass das ganze Leben Leiden ist, hervorgerufen durch menschliche Begierden und Leidenschaften, die niemals erfüllt wer-

Buddhistische Gebetsflaggen im Himalaya-Gebiet

den können. Nur wer diese durch vollständige Achtsamkeit all seinen Gedanken und Taten gegenüber überwindet, kann die Erleuchtung erlangen und sich aus diesem Kreislauf befreien.

Da der Buddha verloschen ist und deswegen auch nicht mehr angebetet werden kann, sind im Lauf der Zeit gottähnliche Wesen entstanden, eigentlich Menschen, die aus Mitleid mit den unerlösten Lebewesen ihr eigenes Verlöschen aufschieben. Diese nennt man Bodhisattvas (Erleuchtungswesen). Sie spielen insbesondere im tibetischen Buddhismus und in Ladakh eine wichtige Rolle. Heute sind ca. 0,8 % der Inder Buddhisten (hauptsächlich im Himalaya).

JAINISMUS

Im selben Zusammenhang wie der Buddhismus ist auch der Jainismus entstanden. Damals, im 5. und 6. Jh. v. Chr., gab es viele religiöse Lehrer. Die meisten ihrer Lehren sind ausgestorben, nicht jedoch die des Mahavira, den man auch den Jina (Sieger, davon abgeleitet Jaina) nennt, weil auch er die Erlösung vom Kreislauf der Wiedergeburten erlangt hat. Seine Lehre ist dem Buddhismus sehr ähnlich, nur postuliert sie die Existenz einer unsterblichen Seele. Besonders ernst nehmen die Jainas das Gebot, keinem Lebewesen zu schaden. Während der Buddha postuliert hat, dass unabsichtliches Töten keinen Schaden nach sich zieht, sind die Jainas da strenger. Der Schutz des Lebens steht an erster Stelle.

24 Lehrergestalten, sogenannte Tirthankaras (»Furtbereiter«, die den Gläubigen auf ihrem Weg helfen), dienen als Vorbild. Sie werden in den Tempeln als Nacktasketen in Meditationshaltung dargestellt.

Zahlenmäßig sind die Jainas gering, nur 0,5 % der Bevölkerung gehören dazu. Ihre Bedeutung übersteigt aber ihre Zahl bei Weitem, denn im Lauf der Zeit haben sie die Position einer Händlerkaste eingenommen und sind bis heute sehr wohlhabend, was man z. B. an den wohlgepflegten Tempelanlagen sehen kann. Besonders in Indiens Westen sind sie stark vertreten.

SIKH

Buddhismus und Jainismus könnte man vor ihrem historischen Hintergrund als Reformsekten des Hinduismus verstehen. Dasselbe kann man von der Religion der Sikhs sagen, nur dass sie sehr viel später entstanden ist, in Auseinandersetzung mit dem eindringenden Islam, der Religion der neuen Herrscher Nordindiens. So wurde z. B. das Verbot übernommen, Gott darzustellen.

Gründer ist Guru Nanak (1469–1539), der als (hinduistischer) Beamtensohn intensiven Kontakt zu Muslimen hatte. In seinen mittleren Jahren hatte er ein Erweckungserlebnis und verkündete: »Es gibt weder Hindus noch Muslime, und der Pfad, den ich wandle, ist Gottes Pfad.« Seine Glaubensgrundsätze sind im Granth Sahib, der heiligen Schrift der Sikhs, niedergelegt, der in allen Sikh-Tempeln (Gurudwara) anstelle eines Götterbildes im Mittelpunkt der Anbetung steht.

Im 17. Jh. gerieten die Sikhs in Auseinandersetzungen mit den muslimischen Mogulkaisern; die beiden letzten der Lehrer-Genealogie wurden hingerichtet. Daraufhin verschafften die Sikhs sich ein schärferes Profil und setzen sich als kriegerische Religionsgemeinschaft auch äußerlich von den anderen ab. Seitdem tragen viele Turban, eine bestimmte (Soldaten-)Kleidung, ungeschnittenes Bart- und Haupthaar. Ihre Zugehörigkeit zum Kriegeradel dokumentierten sie auch durch die Annahme des Nachnamens Singh, »Löwe«.

Die Sikhs versuchen, innerhalb ihrer Gemeinschaft möglichst große Gleichheit zu leben. Der freiwillige Dienst an der Gemeinschaft und das gemeinsame Gebet im Tempel und zu Hause sind sehr wichtig. Ansonsten erstreben auch sie die Erlösung vom Kreislauf der Wiedergeburten. Ca. 2 % der Inder sind Sikhs.

KUNST & KULTUR

ARCHITEKTUR

In den ersten vorchristlichen Jahrhunderten entwickelte sich aus dem indoeuropäischen Hügelgrab der **Stupa** als frei stehender Sakralbau, der als Reliquienbehälter für sterbliche Überreste Buddhas diente und später als Symbol des Kosmos interpretiert wurde. Der älteste aus frühbuddhistischer Zeit erhaltene Stupa ist der von Sanchi (3. Jh. v. Chr.) › S. 97.

Relief »Arjunas Buße« in Mahabalipuram

Ebenfalls bereits in vorchristlicher Zeit wurden Kulthöhlen aus dem gewachsenen Stein der Westghats gehauen. Zunächst entstanden buddhistische **Höhlentempel** mit prächtigen Säulenhallen. Tonnengewölbe mit herausgearbeiteten, erhabenen Steinbalken lassen eine zeitgleiche Holzarchitektur vermuten. Hindus und Jainas schufen ebenfalls riesige Kulthöhlen. *Chaitya* (Gebetsräume) und *vihara* (Versammlungsräume) haben in der Apsis meist einen monolithischen Stupa oder Buddha. Kunsthistorisch bedeutende Beispiele sind Elephanta › S. 112, Ellora und Ajanta › S. 113.

Den Übergang von der Höhle zum **frei stehenden Tempel** lässt sich am besten in Mahabalipuram › S. 123 nachvollziehen. Die noch monolithischen Bauten aus dem 6./7. Jh. n. Chr. sind einzigartig und werden an Größe und Schönheit nur vom Kailash-Tempel in Ellora › S. 113 übertroffen. Die ältesten frei stehenden Tempel stammen aus dem 7. Jh.; die einzeln bearbeiteten Steinblöcke wurden ineinander verzahnt und ohne Bindemittel aufeinander geschichtet, ein Turm hebt sie von weltlichen Gebäuden ab. Typisch für den nordindischen Nagara-Stil ist ein schlanker Turm *(shikara)* mit Zieraufsatz über der Cella. Dem Allerheiligsten sind Gebets-, Tanz- und Opferhalle vorgelagert. Im südindischen Drawida-Stil ist der Tempelturm pyramidenförmig *(vimana)* und von einem halbkugeligen Schlussstein bekrönt. Mauern umschließen das Tempelgelände, mächtige Tortürme *(gopurams)* überragen das Heiligtum. Die Blütezeit hinduistischer Tempelarchitektur ist das 8. bis 13. Jh.

Ab dem 11. Jh. kommen mit dem Islam viele neue Ideen ins Land, die Indien **Prunkbauten** von bislang unbekannter Größe bescheren. Im Land der Wiedergeburt, in dem Toten keinerlei Denkmal gesetzt wird, entstehen nun prächtige Grabmäler. Moscheen und trutzige Festungen zeugen von der Macht indo-islamischer Herrscher. Die ornamentale Kunst steht der lebendig-figürlichen des Hinduismus kontrastreich gegenüber. Drei Kuppeln krönen die typische Hofmoschee, eine Kuppel ein Grabmal. Die islamische Architektur gelangte unter den Mogulkaisern (16. bis 18. Jh.) zur Blütezeit. Ab dem 16. Jh. wurde die mogulkaiserliche Architektur tonangebend, Hindufürsten ließen in Anlehnung gewaltige Burgen und Paläste errichten. Typisch für Indien ist der indo-islamische Stil, bei dem hinduistische Elemente in die islamische Bauweise einfließen. Im Kolonialstil vermengen sich dann europäische, islamische und hinduistische Vorstellungen. Neogotische und klassizistische Vorbilder wurden ebenso aufgegriffen wie der islamische Kuppelbau und die hinduistische Ornamentik.

KOSTBARE TEXTILIEN

Indische handgewebte **Seide** hat Weltklasse. Zentren der Seidenweberei sind Varanasi, Mysore, Kanchipuram, Kaschmir und Assam. Besonders wertvoll sind handgewebte, mit Goldfäden durchwirkte Seidensaris und Brokate. Im Westen von Indien werden unermesslich kostbare Saris in Doppelikattechnik hergestellt. Kett- und Schussfäden werden schon vor dem Weben eingefärbt und ergeben beim Weben das Muster.

In auffallend brillanten Farben leuchten **Baumwollstoffe** aus Rajasthan, die in einer uralten Abknüpftechnik *(bandhini)* eingefärbt werden. Eine kostspielige Rarität sind echte **Kaschmirschals** aus feinster Bergziegenwolle *(paschmina)*.

Die Schmuckherstellung in kleinen Familienbetrieben hat eine lange Tradition in Indien

KUNSTHANDWERK

Tradition und Techniken wurden seit jeher von Generation zu Generation weitergegeben. Viele Kunstrichtungen sind mit der Religion verbunden, so die **Steinmetzkunst,** die v. a. durch Restaurierungsarbeiten an Tempeln wiederbelebt wurde. Steinintarsien, Einlegearbeiten von Halbedelsteinen in Marmor nach dem Vorbild der Meisterwerke am Taj Mahal werden von Nachkommen der alten Gilden in traditioneller Schleiftechnik gefertigt.

Götterfiguren aus Rosen- oder Sandelholz stammen im Allgemeinen aus dem südindischen Raum. Walnuss-Schnitzereien, Gebrauchsgegenstände aus Pappmaché sowie die Kunst des Teppichknüpfens, die auf die Mogulkaiser zurückgeht, sind in Kaschmir beheimatet.

Wichtig ist auch die Kunst des **Metallgusses.** Indische Bronzen werden seit Jahrhunderten im »Guss der verlorenen Form« produziert: Dabei werden ein Tonkern und ein Tonmantel gefertigt, der Hohlraum dazwischen ist mit Wachs gefüllt. Wird nun die flüssige Metalllegierung in den Hohlraum gegossen, schmilzt das Wachs und fließt heraus.

Wie alle anderen Kunsthandwerker arbeiten auch die **Silberschmiede** nach traditionellem Design. Bekannt sind Arm- und Halsbänder, Fuß- und Nasenringe vor allem aus Rajasthan. Handgearbeiteter Goldschmuck aus Kerala und Tamil Nadu ist ebenso attraktiv.

MUSIK UND TANZ

Die klassische indische Musik kennt zwar Noten, sie werden aber kaum benutzt. Musikthemen werden vom Lehrer an den Schüler weitergegeben, es bleibt Freiraum für Improvisationen. Die Melodik ruht auf einem Grundakkord, der während der gesamten Spieldauer von einem Saiteninstrument

(Tambura, Sitar, Vina) variiert wird. Diesen Grundakkord malen männliche und weibliche Tonfolgen – Ragas und Raginis – aus, die Stimmungsbildern gleichen und bestimmten Tages- und Jahreszeiten zugeordnet sind. Ein Raga besteht aus einer Siebentonleiter mit zwei Haupttönen. Die auf- und absteigenden Töne der Tonskala werden in 22 Intervalle unterteilt. Die Hauptmelodie Raga wird durch die femininen Raginis ergänzt. Rhythmus und Takt gibt die Doppeltrommel (Tabla) an.

Der klassische Tanz ist stark stilisiert und erlaubt keine Improvisation – jede Hand- und Fingerbewegung, jede Regung des Gesichts, jede Körperstellung hat eine bestimmte Bedeutung. Früher wurde er von Tempeltänzerinnen *(devadasis)* allein zu Ehren der Götter aufgeführt.

Heute wird der klassische Tanz in Schulen gelehrt und außerhalb der Tempel aufgeführt. Jahrelanges Training bringt vollendete Körperbeherrschung. Das Studium religiöser Schriften, Mythen und Götterlegenden ist Teil der Ausbildung. 108 Körperhaltungen und 64 Handgesten drücken Situationen und Emotionen aus, die Mimik spielt eine ebenso große Rolle.

Wichtigste Tanzstile sind Bharata Natyam, Odissi, Mohini Attam und Kathak. Einzigartig ist das Tanzdrama Kathakali > S. 131.

LITERATUR

Indien hat eine unermesslich reiche Literatur hervorgebracht, die bei Weitem noch nicht systematisch erfasst und übersetzt ist. Bis zum Mittelalter war die Literatursprache Sanskrit, danach überwiegen die Regionalsprachen. Am bekanntesten sind sicher die Epen **Mahabharata** und **Ramayana,** zwei ca. 2000 Jahre alte Kunstdichtungen, die äußerst komplexe Handlungsverläufe, Auseinandersetzung mit den menschlichen Grundproblemen und subtile Naturschilderungen verbinden. Das Ramayana z. B. schildert den Kampf des Prinzen Rama um seine entführte Frau Sita und behandelt dabei das Thema Tugend in den unterschiedlichsten Facetten. Beide Epen gehören zur Weltliteratur.

Der Schriftsteller Kiran Nagarkar

Nicht verblasst ist der Ruhm des bengalischen Dichters und Nobelpreisträgers **Rabindranath Tagore** (1861–1941), viele seiner Bücher sind auch auf Deutsch erschienen. Der berühmteste Vertreter zeitgenössischer Literatur ist **Salman**

Rushdie. Seine bekanntesten Bücher sind: »Mitternachtskinder« (1981), »Die satanischen Verse« (1989) und seine Autobiografie »Joseph Anton« (2012). »Golden House« (2017) ist u. a. eine Satire auf die USA unter Trump.

Anita Desai (geb. 1937) zeichnet in ihren Werken dramatische Einzelschicksale nach (»Berg im Feuer«, 1977; »Baumgärtners Bombay«, 1988). Die zeitkritische Betrachtung von Religion, Kaste und Familie im Roman »Der Gott der kleinen Dinge« (1997) von **Arundhati Roy** aus Kerala hat weltweit Furore gemacht. Ihr jüngstes Werk ist »Das Ministerium des äußersten Glücks« (2017). Bekannt wurden **Chitra Banerjee Divakaruni** mit ihrem Erstlingsroman »Die Hüterin der Gewürze« (1997) und **Shobhaa De** mit ihrem Unterhaltungsroman »Glitzernacht« (2006). **Kiran Nagarkar** erzählt in »Gottes kleine Krieger« (2006) die Lebensgeschichte eines Terroristen in Bombay. Spannung bietet der fantasievolle Roman von **Vikas Swarup** »Rupien! Rupien!« (2005), nach dem der Film »Slumdog Millionaire« gedreht wurde (2009 mit acht Oscars ausgezeichnet). Neu aufgelegt wurde der Roman »Unberührbare« von **Mulk Raj Anand,** in dem er die Existenzbedingungen der Ausgestoßenen zum Thema macht (2003). Die literarischen Milieustudien aus dem Bombay des 20. Jhs. von **Rohinton Mistry** (»Das Gleichgewicht der Welt«, 1996) sowie **Anita Nairs** bewegende Lebensgeschichten indischer Frauen »Das Salz der drei Meere« (2004) und der Kerala-Roman »Kathakali« (2006) bereichern die zeitgenössische Literatur. Weltweit bekannt wurde **Amitav Ghosh** 2004 mit »Hunger der Gezeiten«. 2016 erschien sein neuester Roman »Die Flut des Feuers«.

Diwali ist das Fest der Lichter

FESTE & VERANSTALTUNGEN

Da jede Gemeinschaft, jede Religion, jede Region und jeder größere Tempel einen eigenen liturgischen Kalender hat, ist die Gesamtzahl der Feste unüberschaubar.

Allein der Tempel von Srirangam in Südindien > S. 126 feiert im Jahreslauf acht Feste, die jeweils neun bis elf Tage dauern. Nur wenige Feste werden jedoch in ganz Indien gefeiert. Alle richten sich nach dem Mondkalender und sind daher beweglich.

Einen aktuellen Festtagskalender mit Hintergrundinformationen zu den wichtigsten Festen findet man unter www.indienweb.ch. Säkulare Feste sind der Nationalfeiertag am 26. Januar, in Delhi mit einer großen Parade begangen, und der Unabhängigkeitstag am 15. August.

FESTKALENDER

Januar/Februar: Pongal, das Erntefest in Südindien, wird vor allem in Tamil Nadu gefeiert.

Februar/März: Mahashivrati, das größte Fest zu Ehren Shivas, feiern Tausende von Gläubigen in Tempeln und Wallfahrtsorten Shivas. Danach folgt in Nordindien **Holi** zum Frühlingsanfang, bei dem ausgelassen Farbpulver und Wasserfarben verspritzt werden > S. 57.

April/Mai: Baisakhi, das Neujahrs- und Erntedankfest der Sikhs, wird in Indien unterschiedlich begangen. Mit **Buddha Jayanti** erinnern die Buddhisten am Vollmondtag im Mai an Geburt, Erleuchtung und Tod Buddhas.

Juni/Juli: An **Id-ul-Fitr** wird ausgelassen das Ende des Fastenmonats Ramadan gefeiert (an Neumond, verschiebt sich jährlich um einen Monat nach vorn). Zwei Tage lang feiert man in Ladakh das **Klosterfest von Hemis** mit Maskentänzen der Mönche.

Juli/August: Zum **Raksha Bandhan** werden in Nordindien die geschwisterlichen Beziehungen durch Anbinden von Rakhi-Bändern ums Handgelenk erneuert. Mittelpunkt des **Nag Panchami,** eines Fruchtbarkeitsfestes, ist die Kobra. Im Juli/August ist auch die Zeit der **Klosterfeste** in Ladakh.

August/September: In ganz Indien feiert man **Janmasthami,** den Geburtstag des Hindugottes Krishna. Besonders in den Krishna-Tempeln von Mathura und Brindavan beten Tausende von Pilgern. Kerala feiert das **Onam-Erntefest** mit Schlangenbootrennen. Der elefantenköpfige Gott Ganesh ist Mittelpunkt des **Ganesh Chaturthi** in Maharashtra, wo vor allem in Mumbai und Pune bunte Tonstatuen durch die Straßen getragen werden. Der Beginn der Monsunzeit wird besonders in Rajasthan beim **Teej-Fest** zu Ehren der Göttin Parvati begangen.

September/Oktober: Dussehra, das wohl populärste Fest, wird in ganz Indien 10 Tage lang gefeiert > S. 57. Es erinnert an den Sieg der Göttin Durga über den schrecklichen Dämon Mahisha. Früher ein königliches Fest par excellence, wird es heute vor allem dort gefeiert, wo bis 1947 einheimische Herrscher regierten:

AUGENSCHMAUS & FARBENRAUSCH

Auf der Pushkar Mela in Rajasthan

Indiens große Feste bieten faszinierende Erlebnisse, wenn man keine Angst vor Menschenmengen hat. Besonders schön sind die großen Prozessionen, die festlich geschmückten Tempel und die ausgelassene Stimmung auf den Jahrmärkten, die die Feste begleiten.

KAMELMARKT IN PUSHKAR

Zum Vollmond im Oktober/November zieht der stille Wallfahrtsort Pushkar B2 nahe der Stadt Ajmer Tausende Gläubige, Bauern und Touristen an. Asiens größter Kamelmarkt findet parallel zum Fest des Gottes Brahma statt. Dieser ließ der Legende nach hier eine Lotosblüte herabfallen, die einen Kinder mordenden Dämon vernichtete. So entstand der heilige Pushkar-See.

Die Besucher verbinden Wallfahrt mit Viehmarkt, kommen unter Leute, treffen Freunde, vergnügen sich. Pushkar platzt während des Festes aus allen Nähten. Für Touristen wird eine eigene Zeltstadt aufgebaut. Mehrere Monate im Voraus buchen!
› mehr S. 16 Punkt 23

INFOS UND BUCHUNG

- **Royal Desert Camp**
  Recht luxuriöse Zeltstadt während des Pushkar-Festes
  Tel. 088 60 59 59 91 (mobil)
- **Hotel Pushkar Palace**
  am See | Tel. 0145/2 77 30 01
- **Jagat Palace**
  15 Minuten Fahrzeit zum See
  Tel. 0145/2 77 29 52
  Website für alle drei:
  www.hotelpushkarpalace.com

SHIVRATI – DIE NACHT DES SHIVA

Neumond im Februar/März. In der dunklen Nacht, wenn nach der Legende Shiva nach langer Meditation erwacht, fasten und beten Millionen Hindus. Tags darauf strömen endlose Pilgerscharen zu den großen Shiva-Tempeln in **Varanasi** › S. 93, **Thanjavur** › S. 127 oder **Khajuraho** › S. 95. Spektakulär ist der Run auf die **Badeghats** › S. 93 in Varanasi.

DER SIEG DES GUTEN

Zehn Tage lang steht Indien im Zeichen des Festes Dussehra. Im September/Oktober wird der Sieg des Guten über das Böse gefeiert. Traditionell war das der Auftakt der Kriegssaison nach dem Monsun. Die kriegerische Göttin Durga war die persönliche Schutzgottheit von Königen, Fürsten und Soldaten. Neun Nächte kämpft die Göttin gegen den schrecklichen Dämon Mahisha. Insbesondere in Rajasthan wird in jedem Stadtteil ein Schrein aufgebaut, und die Leute tanzen die ganze Nacht. Am zehnten Tag gibt es eine große Prozession. Diwali, das Lichterfest 20 Tage nach Dussehra, leitet das neue Jahr mit Lichtern und Feuerwerk ein.

DAS SPIEL MIT FARBEN

Fröhlich wird Holi, das Fest der Farben, v.a. im Norden gefeiert. Zum Frühlingsanfang im März erinnert das Fest an das Liebesspiel des Gottes Krishna, der einst ausgelassen seine geliebten Hirtinnen mit Farbe bespritzt haben soll, und an die Vernichtung der Dämonin Holika. In allen Teilen der Städte werden Holzstöße errichtet, auf denen am Abend die Dämonin verbrannt wird. Am nächsten Morgen sind für einen halben Tag alle Gesetze außer Kraft gesetzt. Frauen dürfen Männer mit Farbe bespritzen, Männer Frauen, Kinder Erwachsene. Keiner kann entkommen, sich ärgern gilt nicht. Wem das zu viel ist, sollte diesen Vormittag im Hotel verbringen.

Beim Holi-Fest treibt man es im Wortsinn bunt

Rajasthan, Gujarat und Mysore. Das siebentägige **Kulu-Dussehra** im nordindischen Kulu-Tal ist eine Besonderheit: Hunderte von dörflichen Gottheiten in Form von Metallmasken werden auf Sänften zum Festplatz getragen, wo sie symbolisch der obersten Gottheit des Tals, Ragunath (= Vishnu), huldigen.

Oktober/November: Das Lichterfest **Diwali** markiert in ganz Indien den Beginn des hinduistischen Neujahrs. Häuser werden illuminiert, Lakshmi, die Göttin des Glücks und Wohlergehens, wird in die Wohnungen eingeladen, Knallkörper und Feuerwerke werden abgeschossen. **Pushkar Mela** in Rajasthan ist Anlass für den größten Kamelmarkt und eine Wallfahrt zum heiligen See > **S. 56.**

November/Dezember: Muharram heißt das muslimische Fest, das an den Märtyrertod des Imam Hussein, eines Enkels Mohammeds, erinnert.

ESSEN & TRINKEN

VIELFÄLTIGE GAUMENFREUDEN

Reich ist die Palette aromatischer Gewürze, vielfältig die Zubereitung von Fleisch-, Fisch- oder Gemüsegerichten. Jeder Landstrich, jede Glaubensgemeinschaft, selbst jede Familie schwört auf eigene Rezepte, deren Basis *masala*, eine spezielle Würzmischung, ist. Bis zu 25 verschiedene Gewürze verwandeln eine Speise zur kulinarischen Spezialität. Jede Mahlzeit besteht

Zwei Köche bei der Arbeit im ostindischen Kanker

aus mehreren Gerichten, wobei das Hauptnahrungsmittel Reis die größte Portion ausmacht (im Norden häufig durch Fladenbrote ersetzt). Gänge gibt es nur in Hotels, normalerweise kommt alles gleichzeitig auf den Tisch. Indische Küche kann, muss aber nicht scharf sein. Chilis bringen das berüchtigte Feuer, welches sich am besten mit Reis und Joghurt *(curd)* löschen lässt. Mit dem Zusatz »not so spicy« bei der Bestellung kann die Schärfe etwas reduziert werden.

Die **vegetarische Küche** ist eine Klasse für sich. Selbst eingefleischte Fleischesser werden vor allem vom variantenreichen fleischlosen Angebot des Südens überrascht sein.

Größter Beliebtheit erfreut sich im ganzen Norden die **Tandoori-Küche**. Im namengebenden Tandoor-Lehmofen werden nicht nur herrliche Fladenbrote wie Naan gebacken, sondern auch köstlich gewürzte Gerichte mit Huhn (Tandoori Chicken) und Fisch (Tandoori Macchi) sowie Fleischspieße (Kebab) zubereitet.

Brot *(roti)*, Reis und Dal (Hülsenfrüchtebrei) gehören zur Grundnahrung. Fladenbrote aus Vollkornmehl *(chapati* und *paratha)* sind sättigend. *Aloo paratha* oder *gobi paratha* mit Kartoffeln oder Blumenkohl gefüllt, frittierte Gemüseteilchen *(pakoras)* und in Fett gebackene Krapfen *(samosas)* sind pikante Leckereien. Der mit Gemüse gefüllte knusprige Pfannkuchen aus Reis- oder Linsenmehl *(masala dosa* und *vada)* schmeckt am besten im Süden.

Süßigkeiten werden oft mit Rosenwasser und Kardamom abgeschmeckt. Besonders üppig sind Reispudding *(kheer)*, walnussgroße Milchbällchen in Zuckersirup *(ras gula)* oder Sahne *(ras malai)* sowie sirupgefüllte Kringel *(jelabi)*.

GETRÄNKE

Verglichen mit der fantasievollen Küche ist das Angebot einheimischer Getränke bescheiden. Das Nationalgetränk Tee *(chai)* wird mit Milch, Kardamom und manchmal Ingwer gekocht und schmeckt recht anders als in Europa gewohnt, kann aber, auch bei heißem Wetter, sehr erfrischend wirken. Alkoholische Getränke (Bier, Wein, Spirituosen) sind meist einheimische Nachahmungen westlicher Sorten.

REGIONALE SPEZIALITÄTEN

- Nordindische Mughlai-Küche im **Dum Pukht** in Neu-Delhi. > S. 73
- Spezielle Küche der Parsi im **Jimmy Boy** in Mumbai. > S. 110
- Feines aus dem Meer in Goa im **Pousada by the Beach** > S. 115
- Südindische scharfe Chettinad-Küche im Restaurant **Rain Tree** des Taj Connemara in Chennai. > S. 122
- Vegetarische Freuden im **Saravana Bhavan**, ebenfalls in Chennai. > S. 122
- Köstlich kokoshaltige Kerala-Küche im **Fort House** in Kochi. > S. 131

Der Kandariya-Mahadeva-Tempel in Khajuraho, Madhya Pradesh

TOUREN & SEHENSWERTES

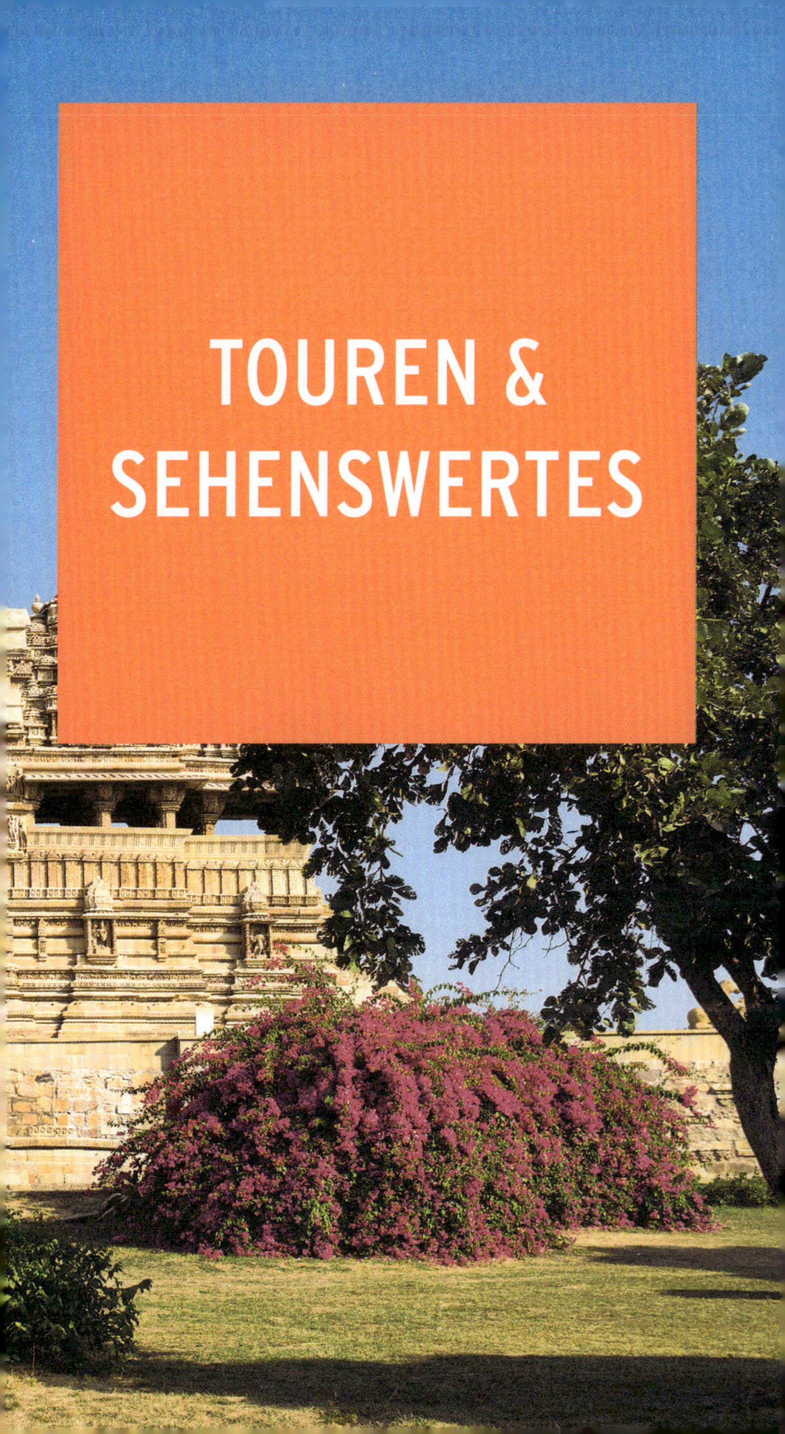

DELHI UND DER NORDEN

Nicht nur Ausländer, auch viele indische Touristen besuchen in Scharen das Taj Mahal

Nordindien ist Vielfalt: die ausufernde Metropole Delhi, der Glanz der alten Königsstädte Rajasthans, heilige Stätten wie Varanasi mit uralten Traditionen – und Ladakh hoch oben im Himalaya mit seiner ganz anderen Kultur.

Kein Wunder, dass Indiens Norden die größten Besucherzahlen hat, denn hier beschert einem jeder Tag ein neues Highlight.

Von Delhi bis fast an die Ostküste zieht sich die fruchtbare Ganges-Yamuna-Ebene, die von alters her intensiv beackert wird. Hier entstanden die ersten Königreiche des Subkontinents, hierher zog es immer wieder Eroberer aus Zentralasien. Nirgends in Indien liegen die großen Monumente so dicht beieinander. Allein die Mogulkaiser haben in dieser Gegend drei Hauptstädte gebaut: Agra, Delhi und Fatehpur Sikri. Höhepunkt ist sicher Agra mit seinen architektonischen Wunderwerken, die den Glanz der Mogulzeit in der heute ansonsten armen Stadt wieder auferstehen lassen.

Westlich von Agra liegt eine Region mit einer ganz eigenen Kultur, Rajasthan. Weder die muslimischen Eroberer noch die Engländer waren willens und in der Lage, dieses abgelegene Gebiet direkt zu verwalten. So herrschten hier bis zur Stastsgründung des modernen Indien im Jahr 1947 einheimische Könige, die Maharajas. Burgen, schön gebaute Stauseen und Paläste geben diesem Land einen unverwechselbaren Charakter. Auch die Landschaft ist voller Kontraste. Die karge Bergwelt der Aravallis trennt die Wüstensteppe Thar von der Ebene ab. Früher waren die meisten Bewohner dieses Landes viehzüchtende Nomaden. Auch heute noch kann man einige mit ihren Schafen und Ziegen ziehen sehen. Kamelkarawanen gibt es allerdings nicht mehr. Heute werden die Tiere oft vor Wagen gespannt und arbeiten im Kleintransport.

Im Osten Nordindiens lag die Wiege der indischen Zivilisation, die viel älter ist als Moguln und Maharajas. Die ältesten heiligen Orte findet man hier, allen voran Varanasi (Benares), das seit 2500 Jahren das Ziel vieler Pilger ist. Nach uralten Bauten sucht man hier zwar vergeblich, doch die Atmosphäre ist unvergleichlich. In abgelegeneren Gebieten dagegen haben sich Bauwerke aus der frühen Zeit erhalten, etwa die grandiosen tausendjährigen Tempel von Khajuraho und der 2000 Jahre alte buddhistische Pilgerort Sanchi.

Ein Erlebnis ganz besonderer Art ist eine Reise nach Ladakh, das bereits nördlich der Hauptkette des Himalaya liegt und kulturell eher zu Tibet gehört. Der Kontrast zwischen den buddhistischen Klosterburgen, dem lieblichen oberen Industal mit seinen grünen Äckern und Aprikosenhainen und der kargen Hochgebirgswelt ist einfach überwältigend.

TOUREN IN DER REGION

TOUR 1

DELHI UND AGRA

ROUTE: Delhi: Qutb Minar > Humayuns Grab > Rotes Fort > Freitagsmoschee > Agra: Itimad ud-Daula > Taj Mahal > Rotes Fort

KARTE: Seite 66
DAUER: 3–4 Tage; darin ist je ein halber Tag Fahrzeit zwischen Delhi und Agra eingeplant.
PRAKTISCHE HINWEISE:

- Die meisten Taxifahrer möchten Sie gern in ein Geschäft schleppen. Wenn Sie nett sein wollen, schauen Sie hinein, das verschafft dem Fahrer eine kleine Kommission. Sie müssen aber nichts kaufen. Zuweilen ist aber jedoch ein freundliches, aber bestimmtes Nein angebracht. Lassen Sie sich nicht von der anschließend zur Schau gestellten schlechten Laune beeindrucken.
- Wichtig: Das Taj Mahal hat freitags geschlossen, deshalb herrscht am Donnerstag immer ein besonders großer Besucherandrang. Nachmittags ist es generell sehr voll. Will man das Abendlicht am Taj Mahal genießen, sollte man sich mindestens zwei Stunden vor Sonnenuntergang auf den Weg machen.
- Fahrzeuge können nicht bis an die Anlage heranfahren. Man muss noch ca. 15 Min. laufen oder eine Rikscha nehmen. Am Osttor gibt es auch Elektrobusse.

TOUR-START:

Zur Besichtigung der wichtigsten Sehenswürdigkeiten von **Delhi** 1 › S. 68 fängt man im Süden an mit Indiens ältester Moschee, dem **Qutb Minar** › S. 73 im Stadtteil Lal Kot J, arbeitet sich dann zum **Grab von Humayun** G › S. 72 vor und gelangt schließlich in die **Altstadt**, wo man sich am **Roten Fort** A › S. 70 absetzen lässt. Nach dessen Besuch ist es nur ein kurzer Fußmarsch zur **Freitagsmoschee** B › S. 71. Danach bietet sich ein Bummel durch die Altstadt an.

Am nächsten Morgen fährt man mit dem Taj Express (ab Bahnhof Nizamuddin 7 Uhr) oder mit dem Mietwagen nach **Agra** 2 › S. 76. Am Nachmittag kann man schon von außen einen Blick auf das **Taj Mahal** › S. 76 werfen oder – etwas geruhsamer – zum Mausoleum **Itimad ud-Daula** › S. 78 fahren.

Spätestens bei Sonnenaufgang am nächsten Tag geht es dann ins Taj Mahal. Danach ist vielleicht ein gemütliches Frühstück im Hotel angebracht, anschließend ein Besuch im **Roten Fort** › S. 77. Wer es eilig hat, fährt schon am Abend mit dem Taj Express nach Delhi zurück.

TOUR 2

HEILIGE STÄTTEN DES OSTENS

ROUTE: Delhi > Varanasi (Benares) > Khajuraho > Orccha > Sanchi > Agra > Delhi

KARTE: Seite 66
DAUER: 9 Tage
PRAKTISCHE HINWEISE:

- Der Weg von den Hotels bis zu den Ghats von Varanasi dauert ca. 45 Min. Es ist ratsam, einen ortskundigen Führer mitzunehmen, der auch das Boot besorgen kann.
- Vorsicht: Auf der Fahrt kommt man auch an Totenverbrennungen vorbei, das ist nichts für zarte Gemüter. Respektieren Sie bitte das strenge Fotoverbot an den Verbrennungsghats.
- Die Sauberkeit entlang des Ganges hat sich in den letzten Jahren deutlich verbessert.

TOUR-START:

Nach einem Tag **Delhi** 1 > S. 68 fliegt man am nächsten Vormittag nach **Varanasi** 10 > S. 93, von wo aus man am Nachmittag einen Ausflug nach **Sarnath** > S. 95 machen kann. Am nächsten Morgen heißt es sehr früh aufstehen, um rechtzeitig bei Sonnenaufgang zur Bootsfahrt auf dem Ganges entlang der **Ghats** > S. 93 zu kommen. Danach lohnt sich ein Gang durch die Altstadt mit ihren sehr engen Gassen, bei dem man den **Vishvanath-Tempel** > S. 93 anschauen und die Atmosphäre auf sich wirken lassen. Mittags geht ein Flug nach **Khajuraho** 11 > S. 95 mit seinen großartigen Tempeln, für die man sich einen Tag Zeit nehmen sollte. Von dort fährt man mit dem Taxi nach Jhansi, wobei sich unterwegs ein Abstecher zur Residenz **Orccha** C2 mit ihren Palästen und Mausoleen anbietet. Von Jhansi fährt der Shatabdi-Express nach **Bhopal** > S. 97, wo übernachtet wird. Mit dem Mietwagen geht es am nächsten Tag nach **Sanchi** 12 > S. 97 mit seinem einzigartigen Buddhaheiligtum. Tags darauf gelangt man mit dem Shatabdi-Express nach **Agra** 2 > S. 76. Für die Sehenswürdigkeiten der ehemaligen Mogul-Hauptstadt sollte man mindestens einen Tag einplanen. Am nächsten Tag kehrt man mit dem Zug nach Delhi zurück.

TOUR 3

DURCH DEN HOHEN NORDEN IN LADAKH

ROUTE: Delhi > Leh > Burg Shey > Kloster Tikse > Kloster Hemis > Kloster Spituk > Kloster Phiyang > Basgo > Kloster Alchi > Kloster Lamayuru > Leh > Delhi

KARTE: Seite 99
DAUER: ca. 11 Tage

PRAKTISCHE HINWEISE:

- Diese Reise führt in Regionen über 3500 m Höhe. Man sollte unbedingt am Anfang einen Tag Eingewöhnungszeit einplanen.
- Planen Sie für die Flüge von und nach Leh mindestens je einen Tag Karenzzeit ein – bei schlechtem Wetter fallen sie aus.
- Jeeps mit Fahrer mietet man in Leh.

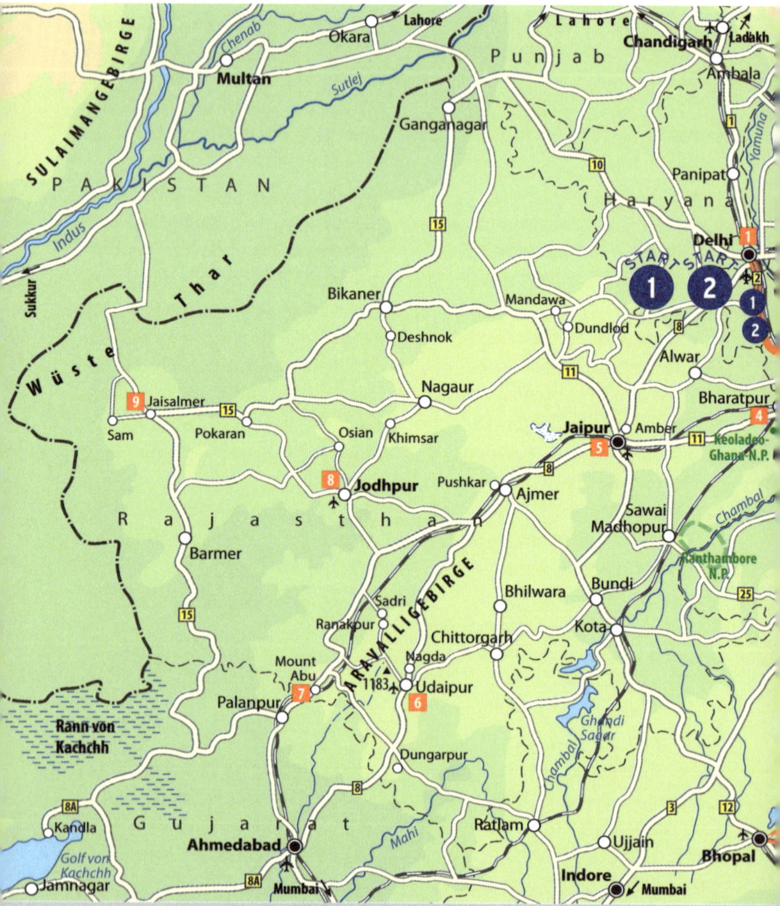

TOUREN IM NORDEN

TOUR 1

DELHI UND AGRA

Delhi: Qutb Minar > Humayuns Grab > Rotes Fort > Freitagsmoschee > Agra: Itimad ud-Daula > Taj Mahal > Rotes Fort

- Zu den Klöstern muss man z. T. recht steil bergauf laufen.
- Die Klöster sind keine Museen, sondern Orte der Verehrung und Meditation. Versuchen Sie, nicht zu stören, und berühren Sie keine sakralen Gegenstände.
- Frauen dürfen die Räume der Schutzgottheiten meist nicht betreten.

TOUR 2

HEILIGE STÄTTEN DES OSTENS

Delhi > Varanasi (Benares) > Khajuraho > Orccha > Sanchi > Agra > Delhi

Karte S. 66

TOUR-START:

Nach einem Tag in **Delhi** 1 › S. 68 geht es mit dem Flugzeug über die Berge nach **Leh** 13 › S. 99. Dort beginnt man in gemütlichem Tempo mit dem Stadtpalast und der Stadt und kehrt in einem der zahlreichen tibetischen Restaurants ein oder spaziert 3 km zum Meditationskloster Shankar. Am nächsten Tag geht es mit dem Miet-Jeep nach Osten. Man besichtigt man die alte Burg **Shey** 14 › S. 101 mit einem schönen Tempel und das buddhistische **Kloster Tikse** 15 › S. 101. Will man den steilen Aufstieg zur Eremitage des **Klosters Hemis** 16 › S. 102 wagen, übernachtet man zuvor in Leh und steuert den östlichsten Punkt der Tour gesondert an. An Tag 4 führt der Ausflug nach Westen zu den Klöstern **Spituk** 17 › S. 102 und **Phiyang** 18 › S. 102 sowie zu den Palastruinen von **Basgo** › S. 102. Von dort lässt man sich direkt nach **Alchi** 20 › S. 102 bringen, wo man Station macht, z. B. im Zimskhang Holiday Home, und in den nächsten zwei Tagen Ausflüge zu den schönsten Klöstern Ladakhs unternimmt: **Alchi** und **Lamayuru** 21 › S. 103. Auf dem Rückweg nach Leh kann man noch zwei weitere Klöster besuchen, **Likir** und **Rizong** b1. Nach der Rückkehr nach Delhi wäre, wenn noch Zeit bleibt, ein Ausflug nach **Agra** 2 mit Besichtigung des **Taj Mahal** › S. 76 ein schönes Kontrastprogramm.

VERKEHRSMITTEL

- Innerhalb von Städten und für kürzere Strecken ist meist ein Taxi die beste Wahl. Will man ein Auto mit Fahrer mehrere Tage nutzen, reserviert man es am besten bei einer Agentur. Taxis für einen oder einen halben Tag kann man in jedem Hotel bestellen.
- Zugtickets bestellt man am besten im Hotel oder in einer Agentur vor. Züge fahren meist nur am Ausgangsbahnhof pünktlich ab, machen Sie sich also auf Wartezeiten gefasst. In Delhi verkehren die meisten Expresszüge, auch Shatabdi Express und Palace on Wheels › **S. 27**, ab Hauptbahnhof (New Delhi Station). Von dort fährt täglich der Bhopal Shatabdi Express in knapp 2 Std. nach Agra. Vom Bahnhof Sarai Rohilla (4 km nordwestlich des Connaught Place) fahren v. a. Züge nach Rajasthan.
- Ansonsten empfiehlt sich für lange Strecken das Flugzeug. Flughäfen gibt es in allen größeren Städten.

UNTERWEGS IN & UM DELHI

DELHI 1 C2

Die 22-Millionen-Metropole steht auf dem Boden von acht historischen Städten. Das heutige Alt-Delhi war um 1640 die »Neustadt«, die der Mogulkaiser Shahjahan (1628–1658) bauen ließ. Neu-Delhi entstand 1911, als die Briten die Hauptstadt ihres Weltreichs in Indien hierher verlegten. Extrem unterschiedlich sind die Stadtbilder von

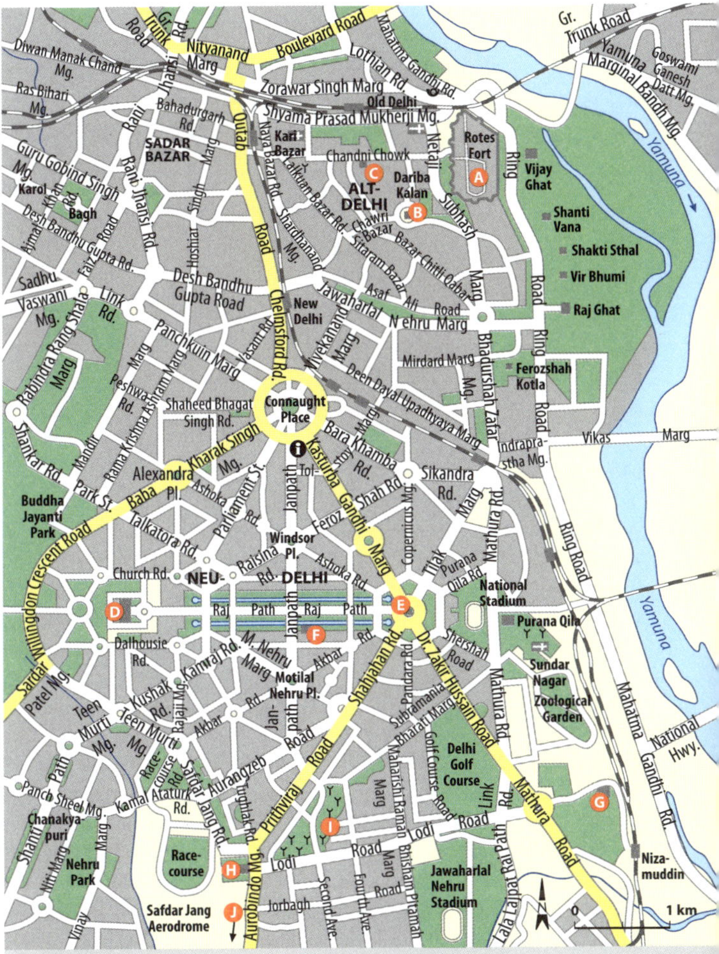

A Rotes Fort
B Jama Masjid (Freitagsmoschee)
C Gurudwara Sis Ganj
D Rashtrapati Bhavan
E India Gate
F Nationalmuseum
G Grab von Humayun
H Grab von Safdar Jang
I Lodi-Grabstätten
J Lal Kot

Der Eingang zum Roten Fort in Delhi

Alt- und Neu-Delhi, extrem unterschiedlich die Lebensbedingungen in den rasant wachsenden Vorstädten der Upper Class und den nur einen Steinwurf entfernten Hütten Arbeit suchender Zuwanderer.

ALT-DELHI

Das ehemalige Shahjahanabad wurde ursprünglich mit einer Stadtmauer, zentralen Achsen und schönen öffentlichen Bauten errichtet.

Leider ist die Zeit nicht freundlich mit Alt-Delhi umgegangen. Die Briten haben schon in der Kolonialzeit einen großen Teil abreißen lassen, und heute leidet die Altstadt unter dem Raubbau, der durch die enormen Grundstückspreise entstanden ist. Seit sich hier einer der größten Textilmärkte der Welt entwickelte, platzt das alte Delhi aus allen Nähten. Um seinen Charme zu entdecken, muss man schon genau hinsehen.

ROTES FORT (LAL QILA) A 1 c1

Die Zitadelle im Osten der Altstadt (UNESCO-Weltkulturerbe) ist aus rotem Sandstein im mogultypischen Pavillonstil gebaut.

Man betritt die Anlage durch das Lahore Gate. Eine überdachte Bazarstraße führt zum Naubat Khana (Musikpavillon), an dem einst alle Besucher vom Pferd steigen mussten. Die Säulenhalle des **Diwan-i-Am**, der öffentlichen Audienzhalle, ist ein klassisches Beispiel der Mogularchitektur.

Das schönste Gebäude war zweifellos **Diwan-i-Khaz**, die private Audienzhalle. Hier stand einst der legendäre Pfauenthron, der 1734 von Nadir Shah geraubt und nach Persien gebracht wurde. Die Kassettendecke aus Holz ist mit Blattgold belegt und bemalt. Die Säulen sind mit Reliefs und Steinintarsien bedeckt. Wunderschön auch das durchbrochene Steinfenster mit der »Waage der Gerechtigkeit« (Di–So 9.30 bis 15.30 Uhr). Eine Sound & Light-Show bringt die Historie spektakulär nahe (im Sommer 20.30–21.30, im Winter schon um 19.30 Uhr).

JAMA MASJID (FREITAGSMOSCHEE) B ★ c2

Im Auftrag von Shahjahan wurde diese größte Moschee Indiens aus rotem Sandstein gebaut. Mit drei eleganten Zwiebeltürmen aus weißem Marmor und der von zwei 40 m hohen Minaretten gesäumten Gebetshalle ist sie ein Meisterwerk der Mogularchitektur. In der Mitte des riesigen Hofes, der 25 000 Gläubigen Platz bietet, liegt der Waschungsteich. Besucher sind außerhalb der Gebetsstunden willkommen, sollten aber weder kurze Röcke, Shorts noch ärmellose Tops tragen (30 Min. nach Sonnenaufgang bis 12 Uhr und 13.30 Uhr bis 30 Min. vor Sonnenuntergang).

Vom **Minarett** aus hat man einen tollen Blick über die Stadt. Die Stiege ist allerdings sehr eng, und Damen ist der Aufstieg nur in Herrenbegleitung gestattet (Tickets am Eingang).

SHOPPING

Enge Gassen mit kleinen Geschäften führen von der Freitagsmoschee Richtung Chandni Chowk. In den winzigen Läden der Juwelierstraße **Dariba Kalan** wird filigraner Silber-, Glas- und Lackschmuck angefertigt. Ein Spaziergang durch den **Kinari Basar** westlich von Dariba Kalan, in dem glitzernde Girlanden, Brautartikel, Saris und Turbane feilgeboten werden, lohnt sich. Betörende Düfte umhüllen die Parfümverkäufer. Reich ist das Angebot an Gewürzen auf dem **Kari Basar** nördlich der Moschee.

CHANDNI CHOWK b/c1

Alt-Delhis verkehrsreiche Hauptstraße liegt nördlich der Moschee. Zur Zeit der Mogulkaiser war das die schönste Flaniermeile mit Grünstreifen und einem Wasserkanal in der Mitte. Eine goldene Zwiebelkuppel krönt den Sikhtempel **Gurudwara Sis Ganj** C b1, der

STADTGESCHICHTE

1193 kamen die ersten muslimischen Eroberer aus Zentralasien und gründeten das Delhi-Sultanat, das sich im Lauf der Zeit bis nach Zentralindien ausdehnte. Keiner dieser Sultansdynastien war jedoch eine lange Regierungszeit vergönnt. Fünfmal wurde die Stadt erobert und immer wieder neu gegründet. Erst 1526 legte Babur, ein Nachkomme des zentralasiatischen Herrschers und Eroberers Tamerlan, den Grundstein für die stabile, fast 300-jährige Mogulherrschaft. 1858 wurde der letzte Mogulkaiser Bahadur II. von den Briten entmachtet. 1911 verlegte die britische Verwaltung ihren Sitz von Kalkutta nach Delhi – Neu-Delhi entstand. Nach der Unabhängigkeit 1947 wurde Delhi Hauptstadt der Republik, seit 1991 ist die Metropole auch ein wichtiges Drehkreuz internationaler Geschäfte.

nur barfuß ohne Socken betreten werden darf; hier starb der neunte Guru den Märtyrertod.

Am Rand der Altstadt, nahe dem Yamuna-Ufer liegen die Verbrennungs- und Gedenkstätten von Mahatma Gandhi (Raj Ghat), Rajiv Gandhi (Vir Bhumi), Indira Gandhi (Shakti Sthal) und Jawaharlal Nehru (Shanti Vana). Besonders an den Nationalfeiertagen kommen viele Besucher hierher.

NEU-DELHI

Nach dem Ende der Mogulmacht wurde Delhi weitgehend verlassen. Erst 1911 gründeten die Engländer die neue Hauptstadt ihres »Juwels der Krone« im Süden von Shajahanabad (Alt-Delhi) und bauten sie standesgemäß aus. Mit dem Bauboom nach der Unabhängigkeit und besonders nach der wirtschaftlichen Liberalisierung in den 1990er-Jahren dehnte sich die Neustadt zuerst nach Süden, dann in alle Richtungen aus. Im Lauf dieser Ausdehnung sind auch viele alte Monumente, vorher außerhalb gelegen, in die Stadt eingewachsen.

DAS BRITISCHE NEU-DELHI

Der Stadtteil wurde von den britischen Architekten Lutyens und Baker 1931 symmetrisch als Gartenstadt angelegt und gilt heute als der Mittelpunkt Delhis.

Der **Rashtrapati Bhavan** D a4, die beeindruckende Residenz des englischen Vizekönigs mit über 300 Räumen, ist heute offizielle Residenz des Staatspräsidenten. Von hier zieht sich der Boulevard **Raj Path** schnurgerade bis zum India Gate. Beiderseits stehen die im Kolonialstil erbauten Regierungsgebäude und das große Rundgebäude des Parlaments. Der Triumphbogen des **India Gate** E c4 ist den 60 000 Indern gewidment, die für Großbritannien im Ersten Weltkrieg gefallen sind.

Das **Nationalmuseum** F b4 präsentiert einen sehr guten Überblick über die Kunstgeschichte des Subkontinents: hinduistische Skulpturen, buddhistische Exponate von der frühen Gandhara-Kunst bis zum tibetischen Buddhismus sowie kostbare Miniaturen (Di–So 10–18 Uhr).

GRAB VON HUMAYUN G ★ 5

Das Mausoleum des zweiten Mogulkaisers, ein UNESCO-Weltkulturerbe, liegt in einer ausgedehnten Gartenanlage. Seine Witwe ließ diesen ersten großen Mogulbau (1556 bis 1565), der als Vorbild für das Taj Mahal › S. 76 in Agra gilt, von persischen Baumeistern errichten. Eine weiße Zwiebelkuppel krönt das riesige Gebäude aus rotem Sandstein. Die Fassaden sind kunstvoll verziert, vier hohe Bogenportale führen in den achteckigen, schlichten Innenraum mit dem Kenotaph. Immer neue Stimmungen zaubert das Spiel des Lichts, das durch die großen Gitterfenster aus Stein einfällt – am schönsten nachmittags. Die eigentliche Grabkammer liegt darunter und ist nicht begehbar.

Das Mausoleum stand auch Pate für das 1753 errichtete **Grab von Safdar Jang** H b5. Dieser war

Das Minarett des UNESCO-Weltkulturerbes Qutb Minar

ein Gouverneur im schon zerfallenden Mogulreich. Sein Grab ist das letzte große Grabmal, das in Indien gebaut wurde.

LODI-GRABSTÄTTEN I b5

Bei Joggern und Spaziergängern ist der Lodi-Park sehr beliebt. Kunstinteressierte zieht es vor allem wegen der Grabstätten der Delhi-Sultane des 15./16. Jhs. dorthin. Die Kuppelgräber wirken archaischer und massiver als die Prachtbauten der Mogulkaiser.

Bara Gumbaz, »Großes Grab«, wird die letzte Ruhestätte des letzten Sultans Ibrahim genannt; er fiel 1526 im Kampf gegen Babur. Ihm zu Ehren wurde die angrenzende Grabmoschee mit sehr schönen Stuckarbeiten erbaut. Sehenswert ist auch das Grab von Ibrahims Vater Sikander Lodi (frühes 16. Jh.), ein schlichter Kuppelbau mit achteckigem Grundriss.

LAL KOT J

Das Viertel im Süden geht auf die erste muslimische Stadtgründung im Raum von Delhi zurück. Als Wahrzeichen Delhis gilt der **Qutb Minar** ★. Schon aus weiter Ferne ist das 73 m hoch in den Himmel ragende Minarett nicht zu übersehen. Qutb ud-Din Aibak, der erste Sultan von Delhi, ließ das architektonische Meisterwerk im 13. Jh. als unübersehbares Zeichen des islamischen Sieges errichten. Besonders schön sind die fein gemeißelten Verzierungen.

Direkt daneben kündet die »Moschee der Macht des Islam«, **Quwwat-ul-Islam,** von der Unterwerfung des letzten Hindukönigs von Delhi durch die islamischen Eroberer. 1193 ließ der erste Sultan sie aus Hindu- und Jain-Tempeln errichten, die er abreißen hatte lassen. An vielen Stellen kann man die Herkunft der Bauteile noch sehen.

Die plastischen Steinfiguren (selbst Liebespaare sind erkennbar) an den ehemaligen Tempelsäulen des Umgangs stehen im Kontrast zur ornamentalen Dekoration des Islam.

Alai Darwaza, das »Große Siegestor« in der Nähe des Minaretts, wurde vom Delhi-Sultan Ala ud-Din Khilji im 14. Jh. hinzugefügt (tgl. Sonnenauf- bis Sonnenuntergang).

INFO

Indiatourism b3

Informationsschalter auch am nationalen Flughafen.

- 88 Janpath | New Delhi
  Tel. 011/23 32 00 08

HOTELS

Die Hotelsituation in Delhi ist prekär. Trotz des Booms wird viel zu wenig neu gebaut. Bei Messen etc. ist nur schwer ein Zimmer zu bekommen. Viele Hotelketten sind auf die neue Schwesterstadt Gurgaon ausgewichen. Wer preisgünstiger wohnen will, sollte auf Paying Guest Houses zurückgreifen.

Imperial Hotel €€€ b3

Luxushotel mit kolonialzeitlicher Atmosphäre direkt am Connaught Place. Schöner Garten.

- Janpath, nahe Tolstoy Marg
  New Delhi | Tel. 011/23 34 12 34
  www.theimperialindia.com

The Manor €€€

Schickes kleines Hotel, entstanden aus einem Bungalow der 1930er-Jahre. Zentral gelegen und doch ruhig.

- 77 Friends Colony West
  New Delhi | Tel. 011/46 87 77 77
  www.themanordelhi.com

Le Meridien €€€ b3

Moderner Luxus in Zentrumsnähe, 355 Zimmer, vier sehr gute Restaurants.

- Windsor Place (Janpath/Ashoka Rd.)
  New Delhi | Tel. 011/23 71 01 01
  www.lemeridiennewdelhi.com

Taj Mahal Hotel €€€ b4

Der Spitzenreiter im Zentrum von Neu-Delhi mit allen Annehmlichkeiten.

- 1 Man Singh Rd. | New Delhi
  Tel. 011/23 02 61 62 | www.tajhotels.com

Lutyens Bungalow Paying Guest House €€ b5

Die etwas andere Wohnerfahrung, mit Familienanschluss und schönem Garten nicht weit vom Lodi-Park.

- 39 Prithviraj Rd. | New Delhi
  Tel. 011/24 61 13 41
  www.lutyensbungalow.co.in

Scarlette New Delhi €€

Charmantes, intimes Guesthouse im Süden der Stadt (Metro: Green Park), mit eleganten Zimmern, chilliger Terrasse, erstklassiger Küche und Rundum-Service

- Safdarjung Enclave | New Delhi
  Tel. 011/41 02 37 64
  www.scarlettenewdelhi.com

RESTAURANTS

Delhi ist ein hervorragender Ort, um sich mit den unterschiedlichen Küchen Indiens vertraut zu machen. Nord- und südindisches Essen ist ganz verschieden, doch jede Region hat Köstliches zu bieten.

Indian Accent €€€ c5

Im Ambiente des Hotels The Lodhi serviert Manish Mehrotra indisch-innovative Küche mit internationalem Akzent. Probieren Sie das sechsgängige Degustationsmenü.

- Lodhi Rd. | New Delhi
  Tel. 011/66 17 51 51
  www.indianaccent.com

Dum Pukht €€
Nordindische, sogenannte Mughlai-Küche im ITC Maurya Hotel. Das Beste sind die Gerichte, die in einem versiegelten Topf langsam gegart werden *(degh)*.
- Diplomatic Enclave
  Sardar Patel Marg | New Delhi
  Tel. 011/26 11 22 33

Chor Bizarre €€ c2
Im wunderschönen Art Déco-Ambiente des Hotels Broadway (Nähe Delhi Gate) wird feine, aber mild gewürzte Küche aus Kaschmir serviert.
- 4/15A Asaf Ali Rd. | New Delhi
  Tel. 011/43 66 36 00
  www.chorbizarre.com

SHOPPING

Jeder Stadtteil hat ein Einkaufszentrum, den sogenannten Market.
- Besonders interessant ist der **Bengali Market** (nahe Connaught Pl., Radial Block M), in dem es Süßigkeiten und Textilien gibt.
- Am **Connaught Place** findet man eine bunte Mischung von Läden aller Art in historischen Bauten.
- Der **Khan Market** (Prithviraj Road, nahe Lodi-Gärten) ist beliebt bei Ausländern und betuchten Indern und hat einige schöne Buch-, Textil- und Lebensmittelläden, die unter Entzugserscheinungen leidende Touristen mit europäischer Schokolade, Käse usw. versorgen.
  > **mehr S. 18 Punkt 38**
- Außerdem ist ganz **Alt-Delhi** ein riesiges Einkaufszentrum. > **mehr S. 18 Punkt 35**

Cottage Industries Emporium b3
Staatliches Kaufhaus für alle Kunsthandwerk-Produkte, die Indien zu bieten hat. Man kann einen ganzen Tag dort verbringen (tgl. 10–19 Uhr).
- Jawahar Vyapar Bhavan, Janpath/
  Tolstoy Marg | New Delhi
  Tel. 011/23 32 04 39
  www.cottageemporium.in

Delhi Haat
Hier finden sich auf einem zwei Hektar großen Areal zahllose Stände von nach einem Rotationsprinzip ständig wechselnden Kunsthandwerkern aus ganz Indien. Günstige Heimtextilien und vieles mehr. Sehr beliebt bei wohlhabenden Indern und Ausländern.
- Shri Aurobindo Marg (gegenüber INA Market) | New Delhi

NIGHTLIFE

Das Nachtleben ist nicht so aufregend und glamourös wie in Mumbai und findet häufig in den teuren Hotels statt. Viele Bars etc. gruppieren sich um den Connaught Place oder befinden sich im reichen Süden der Stadt. Der Dresscode ist meist »smart casual«.

Rick's b4
Schicke Bar in der Hotellobby mit großer Auswahl an Whiskys und kreativen Cocktails (tgl. 12.30–1 Uhr).
- Taj Mahal Hotel | 1 Man Singh Road
  New Delhi | Tel. 011/23 02 61 62

Perch Wine & Coffee Bar
In dieser schicken Weinbar in South Delhi trifft sich abends die elegante Gesellschaft der Stadt.
  18A, Basant Lok Market | New Delhi
  Tel. 083 73 97 66 37 (mobil)

Karte S. 69

Showshaa
Einer der derzeit angesagtesten und schicksten Clubs von Delhi, mit viel Bling-Bling, topmodernem Lightsystem, VIP-Lounges und internationalen DHs. Zutritt nur für Paare. In der Nähe der Metrostation IFFCO Chowk, südöstlich des Flughafens (Fr und Sa 20–3 Uhr).

- Kingdom of Dreams Complex
  Sector 29 | Gurgaon | Haryana
  Tel. 011/33 10 55 92
  www.kingdomofdreams.in

AGRA 2 C2

An den Glanz einer versunkenen Ära erinnern die Meisterwerke mogulkaiserlicher Architektur in und um die alte Hauptstadt Agra (heute ca. 1,6 Mio. Einw.). Wo einst die größten Kaiser Indiens regierten, herrscht heute touristische Betriebsamkeit.

TAJ MAHAL 2

Als Mumtaz Mahal, die Lieblingsfrau des Mogulherrschers Shahjahan, 1629 bei der Geburt ihres vierzehnten Kindes starb, ließ er ihr ein Grabmal errichten, das alles bisher Dagewesene an Schönheit und Vollkommenheit übertreffen sollte. Rund 20 000 Arbeiter und eine Bauhütte von Spezialisten aus Persien, Zentralasien und Indien arbeiteten 22 Jahre lang an der »Perle des Palastes«, heute UNESCO-Weltkulturerbe.

Das Grabmal steht inmitten eines symmetrisch angelegten Gartens mit Wasserkanälen und Fontänen. Hinter dem Haupttor öffnet sich der unvergessliche Blick auf das atemberaubend schöne Mausoleum: Aus blendend weißem Marmor erhebt es sich 74 m hoch auf einer Steinplattform, bekrönt von einer Zwiebelkuppel auf einem hohen Tambour. Vier nach außen geneigte minarettähnliche Türme setzen den Rahmen, Blendnischen und Zierpavillons vermitteln den Eindruck schwebender Leichtigkeit. Ein umlaufendes Zierband mit eingelegten farbigen Steinen ist im unteren Bereich der Zwiebelkuppel zu erkennen. Schriftbänder mit Suren aus dem Koran säumen die Portale, Blumen- und Rankenreliefs aus Marmor schmücken den unteren Teil der Fassade. > mehr S. 15 Punkt 20

Im Mittelpunkt der Anlage stehen die Kenotaphe von Mumtaz

STADTGESCHICHTE

Der Mogulkaiser Akbar begann 1566 hier mit einer regen Bautätigkeit. Agra wurde zu einer der Hauptstädte des Reichs, das zu jener Zeit einen großen Teil des Subkontinents umfasste. Die Blütezeit der Stadt bescherte ihr unter Shahjahan (17. Jh) eines der schönsten Gebäude der Welt: das Taj Mahal. Nach dem Zerfall des Mogulreichs im 18. Jh. wurde die Stadt zum Spielball unterschiedlicher Machthaber. 1803 nahmen die Engländer Agra in Besitz und machten es zu einem Militärstützpunkt. 1911 wäre Agra um ein Haar statt Delhi Hauptstadt von Indien geworden.

Shahjahans Audienzhalle Diwan-i-Khas im Roten Fort in Agra

Mahal und Shahjahan, verschwenderisch mit Halbedelsteinintarsien geschmückt – eine Blüte besteht mitunter aus bis zu 32 Einzelstücken –, umgeben von einem prächtigen Marmorgitter. Unmittelbar darunter ruhen die sterblichen Überreste des Paares in der Grabkammer.

In seiner späteren Regierungszeit geriet Shahjahan in einen Konflikt mit seinem ungeliebten ehrgeizigen Sohn Aurangzeb (1618–1707), der schließlich die Macht an sich riss und ihn 1658 ins Rote Fort verbannte. Aurangzeb sorgte dafür, dass Shahjahan keine eigenes Grabmal bekam, sondern neben seiner Lieblingsfrau im Taj Mahal bestattet wurde. So liegt Shahjahan, für einen Kaiser ungewöhnlich, nicht in der Mitte des Grabmals. (Sonnenauf- bis Sonnenuntergang, Fr geschl.; Eintritt 1100 Rs, Mausoleum weitere 200 Rs).

Große Taschen (Tagesrucksackgröße), Feuerzeuge, Zigaretten und Esswaren darf man nicht mitnehmen; Videofilmen ist ab dem großen Eingangstor verboten. Man kann die Kameras dort einschließen.

ROTES FORT ★

Kaiser Akbar ließ sich in dieser Burg der Delhi-Sultane im 16. Jh. nieder, seine Nachfolger Jehangir und Shahjahan bauten sie zu einer der größten Residenzen der Welt aus (UNESCO-Weltkulturerbe). Ein doppelter, 2,5 km langer Schutzwall umgibt die Anlage aus großen roten Sandsteinblöcken, in der einst 500 Bauten standen.

Vom mächtigen Amar-Singh-Tor führt der Weg zum **Diwan-i-Am,** der öffentlichen Audienzhalle, die unter Shahjahan vollendet wurde. Seine private Audienzhalle, **Diwan-i-Khas,** ließ er aus weißem Marmor

Am Eingang des Itimad ud-Daula

errichten. Im achteckigen **Jasminturm** (Saman Burj), mit Blick auf das Taj Mahal, wurde Shahjahan schließlich gefangen gehalten.

Ältester erhaltener Trakt ist **Jahangir Mahal** aus der Zeit Akbars mit fein gemeißelten Reliefs aus rotem Sandstein, mit erkennbar hinduistischen Stilelementen.

Das Fort ist heute großteils von Militär besetzt und nur zum Teil zugänglich (tgl. von Sonnenauf- bis Sonnenuntergang; Eintritt 650 Rs).

ITIMAD UD-DAULA ★

Im 17. Jh. ließ Jehangirs Gattin Nurjahan das prächtige Grabmal für ihren Vater errichten, der als Schatzmeister und Großwesir des Kaisers den Titel Itimad ud-Daula trug. Besonders schön sind die mehrfarbigen Steinintarsien vom Mausoleum. Vielfalt und Feinheit des Dekors werden nur noch vom Taj Mahal übertroffen (tgl. Sonnenauf- bis -untergang; Eintritt 310 Rs).

INFO

Indiatourism

Informationsschalter auch am Flughafen.

- 191 The Mall | Agra
  Tel. 05 62/2 22 63 68

HOTELS

ITC Mughal Agra €€€

Das älteste Luxushotel am Platz mit Pool und gutem Spa. In den 1970er-Jahren gewann der Architekt dafür einen Preis. Spektakulär ist der gigantische Kronleuchter in der Lobby.

- Taj Ganj | Fatehabad Road | Agra
  Tel. 0562/4 02 17 00
  www.itchotels.in

The Oberoi Amar Vilas €€€

Luxus pur und das auch noch mit Blick auf das Taj Mahal. Man hat das Hotel abgesenkt gebaut, damit es den Ausblick nicht stört. Die mehr als 100 Zimmer sind sehr gediegen eingerichtet (online ab 350 €).

- Taj Ganj | Taj East Gate Rd. | Agra
  Tel. 0562/2 23 15 15
  www.oberoihotels.com

Trident Agra €€€
Sehr gutes größeres Hotel mit Garten, Kinderspielplatz und Pool, in der Nähe des Taj Mahal (viele Gruppen).

- Tajnagari Scheme | Fatehabad Rd. | Agra
  Tel. 0562/2 33 50 00
  www.tridenthotels.com

RESTAURANTS

Pinch of Spice €€
Gilt derzeit als eines der besten Restaurants für nordindische Küche in Agra.

- 23/453 Wazirpura Rd.
  (gegenüber Sanjay Cinema) | Agra
  Tel. 0562/4 00 90 04
  www.pinchofspice.in

Dasaprakash €
Köstliches Essen für Liebhaber der südindisch-vegetarischen Küche. Scharf!

- Gwalior Rd. (hinter Hotel Yamuna View)
  Agra | Tel. 0562/2 36 35 35

Zorba the Buddha €
Sehr sauberes, von Bhagwan-Jüngern geführtes Restaurant mit hervorragender vegetarischer Küche.

- Sadar Basar (Gwalior Rd.) | Agra
  Tel. 0562/2 22 60 91

SHOPPING

Agras Spezialität sind Marmoreinlegearbeiten mit Halbedelsteinen. Vom kleinen Untersetzer bis zum riesigen Tisch bekommt man alles. Die Arbeiten werden noch genau so hergestellt wie zur Zeit der Mogulkaiser und sind einzigartig auf der Welt. Man muss sehr auf die Qualität achten, am besten mit der Lupe. Die Halbedelsteine müssen perfekt eingepasst sein.

Akbar International
Große Auswahl an sehr guten Arbeiten. Man kann zusehen, wie sie hergestellt werden. Manche Stücke, wie die Vasen, sind wahre Wunderwerke. Schon das Schauen lohnt sich. Bewährtes Speditionssystem.

› **mehr S. 18 Punkt 37**

- Taj Ganj | 289 Fatehabad Rd.
  Agra | Tel. 0562/4 02 66 00
  www.akbarinternational.com

SUFISMUS

Von Nordafrika bis Nordindien sind sie anzutreffen, die Sufis, Anhänger einer esoterischen Form des Islam, die anfänglich im Vorderen Orient und in Persien beheimatet war. Weltentsagung und Hingabe an Gott führen laut ihrer Philosophie zur direkten Gotteserfahrung. Der Glaube an das Mysterium von Wundern, die tolerante Wertschätzung mystischer Erfahrungen anderer Religionen fallen in Indien von alters her auf fruchtbaren Boden. Deshalb werden Sufiheilige *(pir* oder *sheikh)* und Wanderasketen *(fakir)* auch von Andersgläubigen verehrt. Den spirituellen Pfad zur Vereinigung mit Gott *(tarika)* vermitteln die Sheiks (»Meister«). Bekanntester Vertreter war Sheikh Salim, ein Sufi der indischen Chishti-Bruderschaft (bekannt auch als Salim Chishti), der in Fatehpur Sikri bestattet liegt.

FATEHPUR SIKRI 3 ★ C2

Nur 40 km westlich von Agra liegt diese Mogulstadt (UNESCO-Weltkulturerbe). Sie wurde von dem experimentierfreudigen Akbar zwischen 1569 und 1590 erbaut und dann verlassen, sodass sie uns heute einen einmaligen Blick auf eine Stadtanlage dieser Zeit gewährt. Besonders schön wie auch ungewöhnlich ist die private Audienzhalle Diwan-i-Khas: Von einer Säule in der Mitte, die sich oben einer Baumkrone gleich entfaltet, führen in luftiger Höhe vier Stege zu einer umlaufenden Galerie. Der fünfstöckige Pavillon **Panch Mahal** überragt den großen **Pachisi-Hof**. Sehenswert sind auch das sogenannte **Haus des Birbal** sowie der **Maryam-Palast**, dessen Wandmalereien – obwohl nur spärlich erhalten – beeindrucken.

Westlich des Palastareals schließt sich die sehr schöne **Große Moschee** mit dem 53 m hohen Siegestor an. Hier liegt das **Grab des Heiligen Salim Chishti**, ein Meisterwerk der Mogularchitektur. Die Marmorgitterfenster sind noch feiner als die Steinmetzarbeiten im Taj Mahal. Am Mausoleum bitten Hindu- und Muslimfrauen um Kindersegen (tgl. Sonnenauf- bis -untergang; Eintritt 610 Rs).

TIPPS FÜR NATURLIEBHABER

- Der **Keoladeo-Nationalpark** ist ein Paradies für Vogelbeobachter. 300 Vogelarten tummeln sich auf 29 km² › S. 80.
- Eine gute Chance auf Tiger hat man in **Ranthambhore** nahe der Stadt Sawai Madhopur B/C2, ca. 150 km südöstlich von Jaipur. Für einen Ausflug dorthin muss man jedoch eine zusätzliche Nacht einplanen. Infos zu Anreise, Unterbringung und organisierten Safaris unter www.ranthamborenationalpark.com.
- Der paradiesisch große **Periyar-Nationalpark** ist bekannt für seine Elefantensichtungen › S. 134.
- Fast 1000 km² groß sind die aneinander angrenzenden Parks **Mudumalai** B6 und **Bandipur** › S. 138. Auch hier gibt es hervorragende Möglichkeiten zur Wildbeobachtung.

KEOLADEO-GHANA-NATIONALPARK 4 ★ C2

Nur 20 km westlich von Fatehpur Sikri liegt das hervorragende **Vogelschutzgebiet von Bharatpur** im knapp 30 km² großen Nationalpark, den die UNESCO als Weltnaturerbe ausgewiesen hat.

Die reiche und intakte Flora des Parks bietet Lebensraum für über 300 Vogelarten. Auch der sehr selten gewordene Sibirische Kranich hat hier ein Winterquartier gefunden. Im Marschland und am Stausee finden über hundert Zugvogelarten aus Zentralasien ideale Brutplätze. Durch geringe Monsunregen ist die Population in den letzten Jahren jedoch stark zurückgegangen (tgl. Sonnenauf- bis -untergang).

Zwischen Oktober und Januar, solange der Wasserstand genügend hoch ist, können die Tiere besonders gut in der Morgen- und Abenddämmerung vom Boot aus beobachtet werden. Von daher empfiehlt sich eine Übernachtung.

HOTEL

Udai Vilas Palace €€

Angenehmes 50-Zimmer-Hotel ganz in der Nähe des Nationalparks mit Restaurant und Pool, das auch Exkursionen organisiert. Mittags stoppen viele Gruppen auf dem Weg nach Jaipur, davon abgesehen ist es aber ruhig.

- Fatehpur Sikri Rd. | Bharatpur
  Tel. 05664/23 31 61
  www.udaivilaspalace.com

UNTERWEGS IN RAJASTHAN

JAIPUR 5 ★ B2

Die ziegelrote Bemalung von Fassaden und Stadtmauern verleihen Jaipurs Altstadt einen unverwechselbaren Charakter. Schwer beladene Kamelkarren werden von hupenden Autos überholt, auf Verkehrsinseln liegen wiederkäuende heilige Kühe. In der Nähe viel besuchter Sehenswürdigkeiten scharen sich fliegende Händler und Bettler um die Touristen. Männer mit grellfarbenen Turbanen hocken am Straßenrand, Frauen in bunten Saris bereichern das Bild der »Pink City«, wie Rajasthans Hauptstadt (ca. 3 Mio. Einw.) heute häufig genannt wird – 1853 erhielt die Altstadt den rosaroten Anstrich. › mehr S. 15 Punkt 22

1727 fasste Maharaja Sawai Jai Singh II. den Entschluss, seine Residenz im nahen Amber aufzugeben und eine neue Stadt zu gründen. Er sah sich als legitimer Nachfolger der Mogulkaiser, aber auch als Erneuerer der hinduistischen Kultur. Deswegen wählte er für seine neue Stadt einen altindischen Bauplan mit regelmäßigem Raster und schnurgeraden Straßen, dem kosmische Prinzipien zugrunde liegen.

Nach Ausrufung der Republik und Enteignung des Königs wurde Jaipur 1956 Hauptstadt des Staates Rajasthan. Die Bevölkerungszahl stieg rapide, und heute macht die Altstadt nur noch einen verschwindend geringen Anteil der gesamten Stadt aus.

STADTPALAST

Das zentrale Quadrat war dem königlichen Palast, dem astronomischen Observatorium und den Verwaltungsgebäuden gewidmet. Der Großteil ist heute öffentlich zugänglich, der Palast z. T. Museum. Im ersten Innenhof birgt **Mubarak Mahal**, der »Willkommenspalast« aus Marmor und Sandstein, eine wertvolle Sammlung von Textilien. Hinter einem Doppeltor liegt die **öffentliche Audienzhalle** im indoislamischen Stil mit zwei riesigen silbernen Wasserbehältern. In der sogenannten **Hochzeitshalle** daneben sind heute einige Gegenstände aus dem Besitz der Königsfamilie untergebracht. Der siebenstöckige, zartgelbe **Chandra Mahal** überragt alle Bauten. Da heute hier die Familie des ehemaligen Königs lebt, ist nur der vordere Trakt mit schönen Toren zugänglich (tgl. 9–17 Uhr, letzter Einlass ; Eintritt 500 Rs, Royal Grandeur Tour 2500 Rs).

JANTAR MANTAR ★

Fürst Sawai Jai Singh II. nutzte das große Observatorium neben dem Palast für seine Forschungen. Als Mathematiker, Astronom und Astrologe beschäftigte er sich mit dem Werk berühmter Astronomen wie Ulugh Beg aus Samarkand, Kopernikus und Kepler. Nach den Berechnungen des Maharajas wurden die 18 Instrumente des Observatoriums gebaut (weitere in Ujjain, Varanasi, Delhi, Mathura). Auf zwei Sekunden genau gibt die fast 30 m hohe, größte Sonnenuhr, Samrath Yantra, die Ortszeit an. Das halbkugelförmig in die Erde eingelassene Messinstrument Jai Prakash Yantra zeigt den Sonnenstand in Bezug auf die Sternbilder (tgl. 9–16.30, letzter Einlass 16 Uhr; Eintritt 200 Rs).

HAWA MAHAL ★

Der »Palast der Winde«, eine fantasievolle fünfstöckige Fassadenkonstruktion vom Ende des 18. Jhs., ist Jaipurs Wahrzeichen. Hinter den luftigen Erkern und Gitterfenstern liegen nur Emporen und Treppen. Lediglich die unteren Stockwerke haben die Tiefe eines Raums. Von hier aus konnten die Hofdamen, die nicht gesehen werden durften, die Prozessionen auf der Hauptstraße beobachten (tgl. 9–16.30, letzter Einlass 16 Uhr; Eintritt 50 Rs).

Jantar Mantar, das große Observatorium des Sawai Jai Singh II.

BUCH-TIPP:

Gayatri Devi (1919–2009), die dritte Frau des letzten regierenden Maharajas von Jaipur, erzählt in **A Princess Remembers** über ihr Leben am Hof. Das Buch gibt es auf Englisch und Deutsch in allen Buchläden Jaipurs. Die englische Fassung ist besser.

INFO

Indiatourism

- Hotel Khasa Koti | Jaipur
  Tel. 0141/2 37 22 00
  www.tourism.rajasthan.gov.in

HOTELS

Jai Mahal Palace €€€

Palasthotel mit herrlichem Park; die Zimmer sind wie in vielen Palasthotels unterschiedlich groß und individuell ausgestattet.

- Jacob Rd. | Civil Lines | Jaipur
  Tel. 0141/2 22 36 36 | www.tajhotels.com

Rambagh Palace €€€

Populärstes Palasthotel, die Zimmer sind höchst unterschiedlich.

- Bhawani Singh Rd. | Jaipur
  Tel. 0141/2 38 57 00 | www.tajhotels.com

Trident Jaipur €€€

Modernes und zugleich geschmackvolles Hotel, zwischen Jaipur und Amber Fort gelegen.

- Amber Fort Rd., gegenüber Jal Mahal
  Jaipur | Tel. 0141/2 67 01 01
  www.tridenthotels.com

Samode Haveli €€

Prächtiges, aber intimes Heritage Hotel in der Altstadt.

- Gangapole | Jaipur
  Tel. 0141/2 63 24 07
  www.samode.com/samodehaveli

Bissau Palace €

Familiäres Heritage Hotel in guter Lage, 10 Min. Fußweg zum Stadtpalast.

- Outside Chandpole | Jaipur
  Tel. 0141/2 30 43 71
  www.bissaupalace.com

RESTAURANT

Peacock Rooftop Restaurant €€

Wunderbares Dachterrassenrestaurant des Hotels Pearl Palace mit vielseitiger erstklassiger internationaler Küche.

- 51 Hathroi Fort | Jaipur
  Tel. 0141/2 37 37 00
  www.hotelpearlpalace.com

SHOPPING

Jaipur ist ein Shoppingparadies für Miniaturmalereien › **mehr S. 17 Punkt 34**, bedruckte Stoffe, blau-türkise Keramik › **mehr S. 18 Punkt 39**, Marionetten, Schmuck und Halbedelsteine (fast 80 % der weltweit gehandelten Diamanten werden in Jaipur geschliffen und poliert). In den großen Geschäften kann man sicher sein, keine Imitationen angedreht zu bekommen. Der Preis ist natürlich Verhandlungssache. Kaufen Sie aber niemals ungefasste Steine von Leuten, die Sie auf der Straße ansprechen!

Silver & Art Palace

Das bekannteste Schmuckgeschäft Jaipurs. Die Auswahl ist riesig, die Qualität gut.

- 313-A Old Amer Rd.
  Jaipur
  Tel. 0141/2 63 57 22
  www.silverandartpalace.com

The Gem Palace

Alteingesessener Juwelenhändler, bei dem man den Goldschmieden während der Arbeit zusehen kann.

- Mirza Ismail Rd. | Jaipur
  Tel. 0141/2 36 30 61
  www.gempalace.com

Anokhi

Bekannt für qualitativ hochwertige handgewebte Produkte und Accessoires. Niederlassungen gibt es in ganz Indien.

› mehr S. 18 Punkt 36

- 2nd Floor KK Square
  Prithviraj Road | Jaipur
  Tel. 0141/4 00 72 44
  www.anokhi.com

NIGHTLIFE

Raj Mandir

Warum nicht mal ins Kino? Dieses ist besonders schön, vollständig im 1950er-Jahre-Barock eingerichtet – ein Vergnügen auch außerhalb der Vorstellung. Leider darf man drinnen nicht fotografieren. Das Haus ist trotz seiner Größe fast immer ausverkauft, deshalb Kinotickets im Voraus reservieren (lassen).

- B-16, Panch Batti, Bhagwan Das Road
  (Mirza Ismail Road) | Jaipur
  Tel. 0141/2 37 93 72
  www.therajmandir.com

AUSFLUG NACH AMBER ★ B2

Die ursprüngliche Hauptstadt der Kacchwaha-Rajputen, gegründet im 11. Jh., liegt 10 km außerhalb von Jaipur. Die malerisch gelegene Burg, die man am besten frühmorgens besucht, stammt aus dem 16./17. Jh. Hauptheiligtum ist der **Kali-Tempel,** der nur ohne Strümpfe, Socken, Leder und Kameras betreten werden darf.

Hinter dem Ganesh Pol, dem pastellfarben bemalten Tor mit dem elefantenköpfigen, Glück bringenden Gott, liegen die Privatgemächer. Besonders sehenswert ist der **Spiegelpalast** (Sheesh Mahal); in die Stuckwände sind innen wie außen zahlreiche Spiegel eingelegt (tgl. 8–18, letzter Einlass 17.30 Uhr; Eintritt 500 Rs).

Von der Dachterrasse hat man einen herrlichen Blick auf die alte Stadt und die Festung **Jaigarh Fort,** die im 18. Jh. hoch über Amber gebaut wurde.

UDAIPUR 6 ★ B3

»Venedig des Ostens«, »Königin der Seen« – verlockend klingen die Superlative, mit denen Udaipur (570 000 Einw.) oft geschmückt wird. Reizvoll sind die für den Wüstenstaat ungewöhnliche Seenlandschaft, das bizarre Aravalli-Gebirge und die idyllische Altstadt mit dem malerischen Palast auf jeden Fall. Nicht von ungefähr diente Udaipur häufig als Filmkulisse, weltweit bekannt wurde es durch den James-Bond-Film »Octopussy«.

1567, nachdem Mogulkaiser Akbar die alte Hauptstadt erobert hatte, gründete der König des hiesigen Staates, Maharana Udai Singh II., die Stadt. In den Bergen gelegen, war sie besser zu verteidigen. Am Fuß seines Palastes ließ er Seen aufstauen, eine Wehrmauer zum Schutz der Stadt errichten. Später kamen die Adelshäuser (Havelis) in der Umgebung hinzu. Heute tobt in der Altstadt der Wettbewerb um das

Lake Palace Hotel im Pichola-See

Hotel mit der höchsten Dachterrasse mit Seeblick, die alten Häuser fallen zuhauf dem Boom zum Opfer. Aber immer noch ist Udaipur eine sehr angenehme Stadt.

PALAST DES MAHARANA

Der riesige Komplex aus Granit und Marmor, dessen Silhouette sich im **Pichola-See** spiegelt, ist der größte Palastbau Rajasthans. Verspielte Bauelemente im persisch inspirierten Mogulstil, Kuppelhallen und Türmchen, Wandmalereien und Mosaiken bieten ein Bild anmutiger Schönheit. Teure Materialien wird man jedoch vergebens suchen. Die Könige taten sich schwer mit der Unterwerfung unter die Moguln, und so hatten sie auch keinen Anteil am Geldsegen, den die anderen Könige für ihre Dienste bekamen.

Das Untergeschoss soll noch aus der Gründerzeit stammen. Beachtenswert sind die blauweißen Fliesen aus China in einem Erker des Obergeschosses. Darunter liegt der berühmte Pfauenhof mit Glasmosaiken. Im Wohngemach Krishna Vilas sind Wandmalereien aus dem 19. Jh. erhalten (tgl. 9.30 bis 17.30 Uhr; Eintritt 300 Rs).

JAGDISH-TEMPEL

Der Turm des Tempels in der Nähe des Palastes überragt die Stadt. Das 1651 von König Jagat Singh erbaute Heiligtum ist Vishnu geweiht. Der Bau ist ein später Versuch, die Kunstfertigkeit der mittelalterlichen Steinmetze wieder aufleben zu lassen, die mit den Eroberungen der Muslime verschwunden war (tgl. 5 bis 12, 16–21 Uhr).

DIE KÖNIGE RAJASTHANS

Im Palastteil von Mehrangarh Fort, Jodhpur

Bis 1947 herrschten sie, die Souveräne über ein Viertel der Bevölkerung Indiens. 565 Maharajas, Rajas und Nawabs lieferten reichlich Stoff für jenes legendäre Indien-Traumbild von Marmorpalästen, Tigern, Elefanten und Juwelen. Dank der Einkünfte aus Zöllen und Steuern und zahlreicher Kredite bei einheimischen Bankiersfamilien konnten die Könige einen so aufwendigen Lebensstil führen, wie es von ihnen erwartet wurde. Die Briten hatten nicht die Mittel, den ganzen Subkontinent zu verwalten und hofften, diese Herrscher in einem Vasallenstatus unter Kontrolle halten zu können. Bis zur Unabhängigkeit blieb das Verhältnis äußerst kompliziert. Auf der einen Seite war man sich, was Ehrbegriff und Jagdleidenschaft anging, sehr ähnlich. Die Könige wurden die einzigen Inder, die an den Privilegien der Briten teilhaben durften. Auf der anderen Seite versuchten die Kolonialherren, die Herrscher immer mehr zu bevormunden, und belasteten sie mit Tributzahlungen. Die Könige reagierten unterschiedlich. Einige waren eifrig bemüht, es den Engländern recht zu machen, andere versuchten, die Verwaltungsorgane der Kolonialherren gegeneinander auszuspielen. Eine Gemeinsamkeit konnten die Könige nicht finden, alle Versuche, eine aktionsfähige »Fürstenkammer« zu etablieren, schlugen fehl. Nach der Unabhängigkeit 1947 gab es in der Republik für die alten Monarchen keinen Platz mehr, sie mussten auf Thron und Land verzichten. Unter Indira Gandhi wurden in den 1970er-Jahren auch die letzten Privilegien der Maharajas abgeschafft.

ALTSTADT

Beim Bummel durch die Altstadt fallen die sogenannten Hochzeitsmalereien ins Auge, Glück bringende Motive wie Swastikazeichen, Elefanten und Pferde, die Familie und frisch getraute Paare vor Unheil schützen sollen. Die ganze Altstadt ist heute ein riesiger Basar, in dessen Gewirr man sich durchaus verlieren kann. Aber keine Angst, eine Rikscha oder ein freundlicher Passant findet sich überall und hilft einem wieder heraus.

Den besten Blick auf die Altstadt und den Maharana-Palast hat man bei einer Bootsfahrt auf dem Pichola-See, am schönsten im Licht des Nachmittags.

HOTELS

Shiv Niwas Palace €€€

Heritage Hotel mit exklusiven Suiten
› Seitenblick **S. 33.**

- City Palace | Udaipur
  Tel. 0294/2 52 80 16
  www.hrhhotels.com

Taj Lake Palace €€€

Romantisches und berühmtestes Palasthotel im See. › **mehr S. 12 Punkt 5**

- Pichola Lake | Udaipur
  Tel. 0294/2 42 88 00 | www.tajhotels.com

Baba Palace €

Angenehm preisgünstige Option im teuren Udaipur, mit blitzsauberen klimatisierten Zimmern (einige mit Himmelbett) und toller Aussicht auf den Jagdish-Tempel. Beliebtes Dachterrassencafé.

- Jagdish Chowk | Udaipur
  Tel. 0294/2 42 71 26
  www.hotelbabapalace.com

Jagat Niwas Palace €

Eine alte Haveli (Adelspalast) direkt am See unterhalb des Stadtpalastes. Wunderschönes Ambiente, liebevoll eingerichtete Zimmer. Allerdings sind manche klein und haben keine großen Fenster, denn dies ist ein altes Haus.

- 23–25 Lalghat | Udaipur
  Tel. 0294/2 42 01 33 oder 2 42 28 60
  www.jagatcollection.com

RESTAURANTS

Viele Restaurants in der Altstadt locken mit »Seeblick von der Dachterasse«. Die Küche ist meist mäßig, angepasst an den vermeintlich europäischen Geschmack.

Udai Khoti €€€

Romantisches Dachrestaurant rund um einen Pool. Service und Küche sind untadelig. Auch das dazugehörige Hotel verdient eine besondere Empfehlung.

- Chand Pol | Hanuman Ghat Marg
  Udaipur | Tel. 0294/2 43 28 10
  www.udaikothi.com

Restaurant im Hotel Jagat Niwas Palace €

Liegt etwas versteckt in der Altstadt. Wunderbarer Blick auf den See.

- 23–25 Lalghat | Udaipur
  Tel. 0294/2 42 01 33 oder 2 42 28 60
  www.jagatniwaspalace.com

SHOPPING

Udaipur ist ein Einkaufsparadies. Miniaturen, Silberschmuck etc. gibt es in den Läden zwischen Jagdish-Tempel und Stadtpalast. Besonders schöne Stoffe u. a. bietet ohne Kaufdruck das **Ganesh Handicraft Emporium** (City Palace Road, Udaupur, Tel. 0294/2 52 36 47, www.ganeshemporium.com).

AUSFLÜGE VON UDAIPUR

NAGDA B2

Nur 20 km nördlich von Udaipur liegen die Ruinen der ersten Hauptstadt von Mewar (8. Jh.). Interessant ist dort der Doppeltempel **Sas Bahu** aus dem 10./11. Jh., der Vishnu geweiht ist. Er besticht durch wunderbare Skulpturen und Reliefs.

Nebenan liegt der wichtigste Pilgerort der Region, **Eklingji**. Morgens und abends, v. a. montags, herrscht dort großer, farbenfroher Andrang. Fotografieren ist leider nicht gestattet. Eintritt nur barfuß.

RANAKPUR ★ B2

90 km nördlich von Udaipur liegen, versteckt in den landschaftlich sehr schönen Aravalli-Bergen, die wohl schönsten Jaintempel Indiens aus dem 14. und 15. Jh.

Der Haupttempel **Chaumukha** ist Adinath geweiht, dem ersten Tirthankara > S. 48. Eine Flucht von fein gemeißelten weißen Marmorsäulen umgibt das Heiligtum. Tausende filigrane Skulpturen – Jainheilige, Hindugötter, elegant schwebende himmlische Wesen und Musikanten – verleihen den Gewölben der vier Hallen spielerische Leichtigkeit.

Der **Parashvanath-Tempel** ähnelt von außen zunächst einem Hindutempel, anmutige Tänzerinnen zieren die Fassade, erotische Darstellungen und Hindugötter sind zu erkennen. Das Sanktuarium ist jedoch dem Furtbereiter Parashvanath geweiht (tgl. 12–17 Uhr).

INTERESSANTE BASARE

- Die **Altstadt von Delhi** ist gewöhnungsbedürftig, aber als Basar unübertrefflich. Man kann stundenlang auf Entdeckungsreise gehen > S. 75.
- Ein Fest der Farben und Gerüche ist der **Sadar Basar in Jodhpur** > S. 89.
- Ein Paradies für Textilfreunde ist der Textilmarkt am **Crawford Market in Mumbai** > S. 107.
- Buntes Treiben herrscht auf den **Basaren von Georgetown** in **Chennai** > S. 122.
- In **Madurai** ist die ganze **Altstadt** ein Basar > S. 125.

MOUNT ABU UND DIE DILWARA-TEMPEL 7 ★3 B2/3

Die Fahrt aus der Ebene in die Aravalli-Berge zum 1220 m hoch gelegenen Ferien- und Wallfahrtsort **Mount Abu** ist landschaftlich außerordentlich reizvoll.

Erst nach zwölf Uhr mittags öffnen sich die Pforten der Jain-Heiligtümer von **Dilwara.** Hier erwartet Sie ein wahres Wunder aus weißem Marmor: Unübertroffen sind die Steinmetzarbeiten am Tempel Vimal Vasahi (11. Jh.), der Adinath, dem ersten Tirthankara > S. 49, geweiht ist. Ähnlich schön ist der dem 22. Tirthankara geweihte angrenzende Tejpal-Tempel aus dem 13. Jh.; im Deckendekor fällt eine Lotosblüte mit 108 Blütenblättern auf, aus denen Tänzerinnen hervortreten.

Dilwara zählt zu den Höhepunkten der Tempelbaukunst, wie sie in den mittelalterlichen hinduistischen Regionalreichen entwickelt wurde. Leider sind nur wenige Beispiele übriggeblieben, da sie später zum Ziel der muslimischen Eroberer wurden (tgl. 12–18 Uhr; Fotografierverbot).

HOTELS

In den Ferienzeiten verdoppeln sich die Zimmerpreise schlagartig, da viele Inder kommen. Rechtzeitig buchen!

Bikaner House (Palace Hotel) €€

Ruhiger, frisch renovierter kleiner Palast in der Nähe der Tempel.

- Delwara Road | Mount Abu
  Tel. 02974/23 86 73
  www.palacehotelbikanerhouse.com

Jaipur House €€

Traumhaft oberhalb des Sees gelegener kleiner Palast im Besitz des Maharajas von Jaipur. Nur neun Zimmer. Hervorragendes Restaurant.

- Mount Abu | Tel. 02974/23 50 01
  www.jaipurhousemountabu.com

JODHPUR 8 ★ B2

Die zweitgrößte Stadt Rajasthans (1,2 Mio. Einw.) am Rande der Wüste Thar ist das wichtigste Wirtschaftszentrum der Region.

Die trutzige Festung auf der Felsklippe über der Stadt erinnert daran, dass Jodhpur, günstig am Rand der Wüste gelegen und am lukrativen Handel der alten Karawanenroute nach China und Zentralasien beteiligt, häufig das Ziel von Angriffen war.

1459 gründete Rao Jodha, Oberhaupt der Rathore-Rajputen und König des Landes Marwar, hier seine neue Hauptstadt und Festung. Mit den aufstrebenden Moguln wurde nach Machtkämpfen unter Akbar ein Friedensvertrag geschlossen, aber das Verhältnis blieb schwierig und erforderte wechselnde Bündnisse. Als nach dem Ende der Mogulmacht im 18. Jh. der Kampf um die Oberherrschaft in Indien ausbrach, wurde die Festung weiter ausgebaut. 1818 kam Jodhpur unter britischen Einfluss.

MEHRANGARH FORT

Gewaltige, 125 m hohe Mauern und Bastionen schützen die Burgfeste. Der steile Aufgang führt durch mehrere Tore. In den Palästen aus dem 16.–20. Jh. sind Schätze der Maharajas von Marwar – Waffen, Sänften, Manuskripte und Miniaturmalereien – ausgestellt; besonders schön sind die Innenräume von **Moti Mahal** (Perlenpalast), **Sukh Mahal** (Freudenpalast) und **Phool Mahal** (Blumenpalast).

Vielleicht das Allerschönste an der Festung ist der Blick von der Kanonenterrasse auf die Stadt (tgl. 9–17 Uhr; Eintritt 600 Rs). › mehr S. 16 Punkt 24

Zu Füßen der Burg, von oben leicht zu Fuß zu erreichen (am Besten mit dem Fahrer unten einen Treffpunkt vereinbaren, z. B. »Sojati Gate Parking«), liegt die Altstadt mit dem **Sadar Basar**.

JASWANTH THADA

Nördlich des Forts findet man die königliche Verbrennungsstätte und die Gedenkmonumente für verstorbene Könige. Das größte, aus weißem Marmor, ist für Maharaja Jaswanth Singh II., der 1899 verstarb. Es ähnelt einem Hindutempel (tgl. 9–17 Uhr).

HOTELS

Umaid Bhawan Palace €€€

Der letzte Palast, der in Indien gebaut wurde. Gigantisch und etwas düster, aber empfehlenswert. Hallenbad im Art-déco-Stil.

- Raikabagh | Jodhpur
  Tel. 0291/2 51 01 01
  www.tajhotels.com

Vivanta by Taj – Hari Mahal €€€

Den Heritage-Hotels gehen bald die historischen Gebäude aus. Daher gibt es jetzt auch neu gebaute Paläste. Ganz neues Haus im alten Stil, sehr geschmackvoll eingerichtete Zimmer, alle Annehmlichkeiten.

- 5 Residency Rd. | Jodhpur
  Tel. 0291/2 43 97 00
  www.tajhotels.com

Bal Samand Lake Palace €€–€€€

Wer das Besondere sucht, ist hier richtig. An einem alten Stausee gelegener kleiner Palast mit einigen schönen Zimmern und einem riesigen verwunschenen Garten, in dem sich weitere einfache, aber schöne Zimmer im ehemaligen Pferdestall (!) befinden. Etwas außerhalb der Stadt.

- Mandore Road, nahe BSF STC
  Jodhpur | Tel. 0291/2 57 23 21
  www.balsamandlakepalace.jodhanaheritage.com

ORTE ZUM VERWEILEN

- In der Stadt **Udaipur** > **S. 84** lebt sich's immer noch recht gemütlich. In der Altstadt lässt sich bei jedem Spaziergang Neues entdecken. Die schöne Umgebung lädt zu kleinen Ausflügen ein.
- **Jaisalmer** > **S. 91**, die Wüstenfestung, ist eine ausgesprochen freundliche kleine Stadt. Die goldenen Sandsteingebäude sehen zu jeder Tageszeit wieder anders aus. Viele Ausflugsmöglichkeiten (Kamelritt!) in die Umgebung.
- **Mumbai** > **S. 107** ist farbig und aufregend. Die Erkundung jedes Stadtteils ist ein Abenteuer.
- Mit seiner spätkolonialen Architektur und schönen Umgebung ist **Mysore** > **S. 135** eine Stadt mit gediegener Atmosphäre. Hier kann man gut ein paar Tage kürzer treten.

RESTAURANT

Restaurant im Hotel Umaid Bhavan €€–€€€

Wer nicht im Umaid Bhawan > **oben Hotels** wohnt, sollte unbedingt einmal hier speisen und dann auch im traumhafen Palast flanieren.

SHOPPING

Antiquitätengeschäfte liegen zwischen den Hotels Ajit Bhawan und Umaid Bhawan Palace. Bunte Bandhani-Stoffe gibt es am Kapra Bazar (Altstadt), Silberschmuck nahe dem Sojati Gate, die größte Auswahl an Gewürzen am Sadar Basar.

Die mächtigen Mauern von Jaisalmer

JAISALMER 9 4 A2

Die entlegenste Stadt in Rajasthan (78 000 Einw.) lohnt die lange Fahrt durch die Wüste. Schon von Weitem zeichnet sich am Horizont die markante Silhouette der Festungsstadt ab, goldgelber Sandstein gegen tiefblauen Himmel.

Rajputenfürst Jaisal erkannte die strategisch günstige Lage des Felsens, der 80 m aus der Ebene herausragt, und baute hier 1156 sein Fort. Kaufleute ließen sich im Schutz der Festung nieder, Handel und Zölle brachten Reichtum. Jaisalmer war einer der führenden Rajputenstaaten, die »wilden Wölfe aus der Wüste« waren gefürchtete Gegner der mächtigen Rathore-Rajputen von Jodhpur und Bikaner.

DAS FORT

Eine Wehrmauer mit 99 Bastionen umgibt die Festung auf dem Trikuta-Hügel; sieben stammen aus der Zeit Rawal Jaisals, 92 aus dem 17. Jh. Die gewaltige Mauer aus gelbem Sandstein – das typische Baumaterial für Jaisalmer – wurde ohne Mörtel errichtet. Sie umschließt Palast und Oberstadt. Die Unterstadt am östlichen Fuß des Hügels entstand später.

Ein Teil des **Palastes** (Raj Mahal) wurde als Museum eingerichtet; abgesehen von einigen Wandmalereien ist es wenig interessant. Schön ist allerdings der Blick vom Dach. Auf einer Terrasse daneben steht der Marmorthron. Der Kali-Tempel mit fein gemeißelter Fassade ist nur für Hindus offen.

Durch verwinkelte Gassen gelangt man zu den **Jaintempeln** (Lederkleidung, -taschen, -gürtel und -schuhe sind dort verboten; nur bis 11 Uhr für Touristen geöffnet; Eintritt 200 Rs). Parshvanatha (14. Jh.) ist der älteste und am reichsten verzierte von ihnen. Die Fülle der Skulpturen z. B. von Göttern und Tänzerinnen (mehr als 6000) im Tempelbezirk ist überwältigend.

DIE UNTERSTADT

Jaisalmer ist berühmt für seine prächtigen **Havelis,** reich verzierte Patrizierhäuser. Außergewöhnlich ist die turmartige, kuppelbekrönte **Haveli von Salim Singh,** eines Ministers des 18. Jhs. Um 1800 wurde die fünfstöckige **Patvon ki Haveli** als Residenz einer wohlhabenden Brokathändlerfamilie gebaut. Fassaden, Erker und Balkone sind zur Gänze mit Reliefs bedeckt. Von der Dachterrasse hat man einen wunderbaren Blick auf Festung und Altstadt.

Nathmalji ki Haveli entstand Ende des 19. Jhs. als Residenz des Ministers Nathmal. Zwei Brüder wirkten beim Bau als Steinmetze: Jeder stellte eine Haushälfte fertig – der Unterschied ist unübersehbar.

Im Südosten der Stadt liegt **Gadi Sagar,** der heilige Teich. Hier vermittelt ein kleines Folkloremuseum einen Einblick in Kultur und Volkskunst des Wüstenstaates. Früh am Morgen, wenn die gerade aufgehende Sonne den Sandstein in goldenes Licht taucht, ist der Blick vom Gadi Sagar auf die Festungsstadt ganz besonders schön. Die Nachmittagsstimmung fangen Sie am besten von der Westseite ein (dem sogenannten Sunset Point).

INFO

Tourist Office

- Station Road | Jaisalmer
  Tel. 02992/25 24 06

HOTELS

Fort Rajwada €€€

Eindrucksvolle Architektur und noble Zimmer, außerhalb der Stadt.

- 1 Hotel Complex
  Jodhpur–Barmer Link Road | Jaisalmer
  Tel. 02992/25 32 33
  www.fortrajwada.com

Killa Bhawan €€

Gutes kleines Haus direkt beim Fort.

- Jaisalmer Fort
  Tel. 02992/25 12 04
  www.killabhawan.com

Mandir Palace Hotel €€

Stimmungsvolles Hotel in 200 Jahre altem Palast unterhalb des Forts mit neuem Trakt. Eindrucksvoller, 50 m hoher Turm »Badal Vilas«.

- Gandhi Chowk | Jaisalmer
  Tel. 02992/25 27 88
  www.mandirpalace.com

RESTAURANT

Einige kleine, billige Restaurants finden sich nahe den Sehenswürdigkeiten.

Einen Blick auf den Mandir Palace bietet das **Trio** (Gandhi Chowk, Jaisalmer, Tel. 02992/25 27 33).

SHOPPING

Zahlreiche Andenkenläden in der **Oberstadt** und im **Patvon ki Haveli** verkaufen neben dem berühmten Rajasthani-Silberschmuck (vielfach ohne jeden Silbergehalt!) auch kleine Holztüren und -platten, Wollteppiche und in Stoff eingelegte Spiegelarbeiten. Berühmt sind die Patchwork- und mit Spiegeln bestickten Decken.

AKTIVITÄTEN

Kamelsafaris in die Wüste Thar kann man bei vielen Agenturen in Jaisalmer oder über Hotels buchen. > **mehr S. 12 Punkt ❶**

UNTERWEGS ZU DEN HL. STÄTTEN

VARANASI 10 D2

Nirgendwo ist man dem Geist Indiens so schrankenlos nahe wie in Varanasi (etwa 1,5 Mio. Einw.), dem alten Benares, Hochburg des Hinduismus seit über 2000 Jahren. Die Bauten sind allerdings zumeist aus dem 18. und 19. Jh. Erst nach dem Ende der Mogulzeit wurde das Verbot, hier zu bauen, wieder aufgehoben. Während die Pilger fünf Tage für die Wallfahrt zu 108 Weihestätten benötigen, genügt dem Touristen zur Besichtigung ein Tag.

VISHVANATH-TEMPEL

Das Shiva geweihte Hauptheiligtum liegt in der verwinkelten Altstadt. Glaubt man der Überlieferung, so soll hier bereits vor 2200 Jahren ein Tempel existiert haben. Das heutige Gebäude geht allerdings auf eine Stiftung der Maharani von Indore im 18. Jh. zurück, die Goldauflage der Dächer auf Maharaja Ranjit Singh im 19. Jh.

Das Heiligtum darf nur von Hindus betreten werden, alte Tempelteile sind an der Gyan-Vapi-Moschee dahinter zu sehen. Trotzdem: Allein der Weg durch die Basarstraßen zum Tempel, in denen sich morgens Gläubige, später am Tag Kauflustige drängen, ist ein Erlebnis.

GHATS 5

So nennt man die Steinstufen, die zum Ganges hinunterführen. Täglich strömen Pilger aus ganz Indien zum heiligen Fluss Ganges, hoffen durch das rituelle Bad auf Reinigung von Sünden oder gar auf Erlösung. Unweit der Badeghats steigen

Früher Morgen an den zu dieser Zeit noch recht ruhigen Ghats in Varanasi

Rauchsäulen von Scheiterhaufen auf. Für Hindus versprechen Tod und Verbrennung am heiligen Fluss Erlösung aus dem Kreislauf der Wiedergeburten. Das Treiben lässt sich auf einer Bootsfahrt gut beobachten – am besten schon bei Sonnenaufgang. > **mehr S. 12 Punkt 2**

INFO

Tourist Office

- The Mall | Varanasi
  (außerdem Schalter am Flughafen)
  Tel. 0542/2 50 17 84

HOTELS

Taj Nadesar Palace Hotel €€€

Der zehn Zimmer des prachtvoll restaurierten Palasts bieten die luxuriöseste Unterkunft der Stadt. Hier haben schon Queen Elizabeth II. und der Schah von Persien übernachtet. Erlesener Ayurveda-Spa.

- Raja Bazar Rd., Cantt. | Varanasi
  Tel. 0542/6 66 00 02, 542
  www.tajhotels.com

Palace on Ganges €€

Mitten in der Altstadt gelegen; man muss allerdings auch mit deren Nachteilen (Schutt vor der Tür) leben. Jedes Zimmer ist im Stil einer anderen indischen Provinz eingerichtet.

- B-1/158 Assighat | Varanasi
  Tel. 0542/2 20 49 63
  www.palaceonganges.com

RESTAURANT

Dolphin €€

Dachrestaurant des Hotels A Palace on River (Rashmi Guesthouse). Hervorragendes Essen mit traumhaftem Blick über den Ganges auf das lebhafte Dashashvamedha Ghat. Bier gibt es nur in Dosen. Vor allem abends ein großartiges visuelles und akustisches Erlebnis.

- 16/28A Manmandir Ghat | Varanasi
  Tel. 0542/2 40 27 78
  www.rashmiguesthouse.in

SHOPPING

Seiden und Brokate aus Varanasi genießen Weltruf. 3000 kg Seide verarbeiten die Weber der Stadt täglich. Wer keine Saris braucht, kann die Seide auch vom Meter kaufen und anderweitig verwenden. Zwischen Bergen von Seidenstoffen zu sitzen ist ein ganz besonderes Einkaufserlebnis.
> **mehr S. 17 Punkt 32**

ANDACHT AM GANGES

Wenn die ersten Strahlen der Sonne den Himmel färben, kommen viele Bewohner der umliegenden Stadtteile, um sich im Ganges zu reinigen und zu beten. Dieses heilige Gewässer ist identisch mit der Göttin Ganga, also ist man beim Baden bereits »im Tempel«. Das Gebet wird halb im Wasser stehend mit dem Gesicht zur Sonne gesprochen und richtet sich an die Wunschgötter und Ahnen. Pilger kommen meist in kleinen Gruppen und müssen einen komplizierten Pilgerweg mit vielen Stationen absolvieren. Das heilige Bad ist nur eine davon. An normalen Tagen sind es Hunderte, an Tagen wie dem großen Shiva-Fest im Frühjahr sind es Zigtausende, die sich dann in die Fluten stürzen.

Junge buddhistische Mönche in Sarnath

Emporium Upica
Staatliche Kaufhauskette. Meterware zu Fixpreisen erhältlich.
- Nadesar Cantt. | Varanasi
  054272 36 14 96

Mehta Silk International
Hier kann man den Handwebern bei der Arbeit zusehen.
- 3B Varuna Bridge (nahe Clarks Hotel)
  Tel. 0542/2 59 13 81
  www.mehtasilksarnath.in

AUSFLUG NACH SARNATH D2

Nur 10 km nördlich von Varanasi liegt das friedliche Sarnath, Wallfahrtsort von Buddhisten aus aller Welt. Hier hat der Buddha die erste Predigt nach seiner Erleuchtung gehalten und das Rad der Lehre in Bewegung gesetzt.

Klöster verschiedener buddhistischer Länder haben sich außerhalb des archäologischen Geländes angesiedelt, das vom riesigen **Dhamek Stupa** am Platz der ersten Predigt überragt wird. Im modernen Tempel sind Buddhareliquien aufbewahrt. Sehr sehenswert ist das **Archäologische Museum,** das die schönsten Buddhafiguren aus der Gupta-Zeit und das weltberühmte Löwenkapitell der Ashoka-Säule, das Staatsemblem Indiens, birgt (Sa–Do 9–17 Uhr; strenges Fotografierverbot; Eintritt 5 Rs, www.sarnathmuseumasi.org).

KHAJURAHO 11 6 C3

Hohe Tempeltürme überragen die Landschaft und das einst verschlafene Dorf von Khajuraho. Je näher man den Tempeln kommt, umso mehr gerät man ins Staunen. Eine unglaubliche Fülle von Tierfriesen und Kriegszügen, von Göttern, Fabelwesen, anmutigen weiblichen Gestalten *(surasundaris)* und Liebespaaren *(mithunas)* überzieht die Fassaden.

Die Stifter dieser Tempel waren Könige aus der Dynastie der Chandella-Rajputen, die im 10. und 11. Jh. hier ihre Hauptstadt ausschmückten. Dies war eine Zeit verfeinerter höfischer Kultur; die Darstellungen an den Tempeln sind wie ein Bilderbuch dazu.

Um die Tempel, die seit 1986 zum UNESCO-Weltkulturerbe zählen, in Muße zu betrachten, sollte mindestens ein voller Tag zur Verfügung stehen. Die idyllische Lage und die entspannte Atmosphäre laden zum längeren Erholungsaufenthalt ein.

Alljährlich im März findet vor der Kulisse der Tempel das **Khajuraho Dance Festival** mit renommierten Tänzern statt.

BLÜTEZEIT

Zwischen dem 10. und 13. Jh. stand die hinduistische Tempelbaukunst in Indien in ihrer Hochblüte. Leider wurden die meisten Tempel später von den muslimischen Eroberern niedergerissen, da sie Zeichen königlicher Macht waren.

Es ist ein großer Glücksfall, dass die Anlage von Khajuraho von der Zerstörung verschont blieb, denn als die Mogulheere kamen, war diese alte Hauptstadt bereits verlassen. So können wir uns heute ein Bild davon machen, was die hoch spezialisierten Bauhütten zu leisten vermochten, und uns in der Schönheit der Reliefs verlieren. Einige der sogenannten erotischen Reliefs sind, wie man mittlerweile herausgefunden hat, recht drastisch umgesetzte Zitate aus zeitgenössischen Theaterstücken, die die damaligen Verhältnisse aufs Korn nahmen.

WESTLICHE GRUPPE

Kandariya Mahadeva, der größte und eindrucksvollste Tempel der westlichen Gruppe, ist Shiva geweiht. Mehr als 900 Skulpturen schmücken das Heiligtum mit dem schlanken, konvexen Turm *(shikara),* dem Abbild des mythischen Weltenbergs Meru. Mit seinen Vorhallen *(mandapas)* wirkt der Tempel majestätisch und kompakt zugleich.

Auf derselben Plattform steht der kleinere **Devi-Jagadamba-Tempel,** der durch besonders feine Steinplastiken auffällt.

Am **Lakshmana-Tempel** sind besonders die Friese der Steinplattform bemerkenswert, auf der das Vishnu-Heiligtum ruht. Hier sind die Beschäftigungen des höfischen Lebens dargestellt, Jagd, Krieg, Siegesfeiern (die zuweilen etwas aus dem Ruder laufen), Tanzunterricht. Die großen erotischen Reliefs an den Tempelwänden liegen genau da, wo zwei Bauglieder ineinander greifen. Die Baumeister haben mit diesem Umstand gespielt. › mehr S. 15 Punkt 21 Vishnu in der Inkarnation des Ebers wird in einem Miniaturheiligtum gegenüber verehrt.

Von beachtlicher Größe sind **Vishvanath- und Nandi-Tempel.** Shiva als Weltenherrscher *(Vishvanath)* und sein Begleittier, der Bulle Nandi, haben hier ihre Stätte der Verehrung.

Jeden Abend um 18.30 Uhr gibt es eine **Sound & Light Show** mit englischsprachigem Kommentar.

ÖSTLICHE GRUPPE

In der östlichen Gruppe sollte man vor allem die Jaintempel gesehen haben. Der **Adinath-** und der **Parashvanath-Tempel** (die dem 1. und dem 23. Tirthankara geweiht sind) sind zwar klein, aber genauso reich geschmückt wie die anderen (tgl. 9 Uhr bis Sonnenuntergang).

HOTELS

Radisson Jass €€€

Modernisierter Bau mit gepflegtem Luxus, sehr ruhig, Pool.

- Khajuraho, ca. 3 km von den Tempeln entfernt
  Tel. 0768/6 29 70 44
  www.radisson.com

Ramada Khajuraho €€

Schön im Grünen mit Rosengarten gelegen, innen viel weißer Marmor, kleiner Pool, top Preis-Leistungsverhältnis.

- Airport Rd. | Khajuraho
  Tel. 0768/27 23 02
  www.ramadakhajuraho.com

Hotel Surya €

Einfacheres, aber nettes Hotel, Zimmer nach indischem Geschmack eingerichtet. Die Tempel sind in Gehweite.

- Jain Temple Road | Khajuraho
  09425/14 62 03
  www.hotelsuryakhajuraho.com

NIGHTLIFE

Kandariya Art & Culture Centre

Ca. einstündige Show mit Beispielen vieler klassischer und volkstümlicher Tanzstile Indiens. Eine gute Gelegenheit, sich einen Überblick über diese vielfältige Kunstform zu verschaffen. Shows um 19.00 und 20.451 Uhr.

- Jhansi Road | Khajuraho
  Tel. 07686/27 40 31

SANCHI 12 ★ C3

Um Sanchi zu besuchen, muss man zunächst nach **Bhopal** C3 fahren, der Hauptstadt des Bundesstaates Madhya Pradesh. Dort befinden sich auch die Hotels. Doch die weite Anreise lohnt sich. 46 km von Bhopal entfernt, erwartet Sie der älteste und besterhaltene Stupa des Landes (UNESCO-Weltkulturerbe). Einzigartig liegt dieses Juwel frühbuddhistischer Architektur erhaben auf einem Hügel – besonders stimmungsvoll am Morgen.

Im 3. Jh. v. Chr. ließ Kaiser Ashoka den **Großen Stupa** als halbkugelförmigen Reliquienbehälter über den sterblichen Überresten des Buddha errichten. Ein Steinzaun *(vedika)* umrahmt das massiv gebaute Heiligtum mit einem Durchmesser von 31 m und einer Höhe von 13 m. Im Mittelpunkt erhebt sich eine von drei Schirmen bekrönte Steinsäule, die als Weltenachse gedeutet wird. Angeblich haben Elfenbeinschnitzer die überaus kunst-

Karte S. 66

Die Reliefs am Nordtor des großen Stupa von Sanchi erzählen buddhistische Legenden

vollen Reliefs mit Szenen aus dem Leben Buddhas in den Sandstein gemeißelt. Mehr als 2000 Jahre haben die Darstellungen der Witterung standgehalten!

Im frühen Buddhismus wird der Buddha nicht als Person dargestellt, sondern in Symbolen wie dem Rad, Fußabdrücken oder dem Baum der Erleuchtung. Bis zum 12. Jh. war Sanchi ein wichtiges Pilgerzentrum. Klöster und Tempel (heute Ruinen) wurden gebaut.

Das Vordringen des Islam und das Wiedererstarken des Hinduismus schwächten dann den Buddhismus, Sanchi geriet in Vergessenheit. 1818 entdeckten britische Soldaten das Ruinenfeld, 1893 begannen die Ausgrabungen.

Aus der Gründungszeit stammt auch der kleinere Stupa mit Reliquien. Am Fuß des Hügels lohnt ein kleines archäologisches Museum den Besuch, denn es zeigt vor allem Exponate, die bei den Ausgrabungen in Sanchi ans Licht kamen (Sa bis Do 10–17 Uhr).

HOTELS

Jehan Numa Palace €€

Palast der Fürstinnen (Begums) von Bhopal aus dem 19. Jh. Schöne Lage oberhalb von Bhopal, nette Zimmer, angenehmes Ambiente.

- Shamla Hill | Bhopal
  Tel. 0755/2 66 11 00
  www.jehannuma.com

Noor-us-Sabah Palace €€

Palast aus den 1920er-Jahren, der zum Hotel umgebaut wurde, direkt am See mit schönen Zimmern. Der Stil erinnert ein bisschen an Lutyens' New Delhi > S. 72, ein bisschen an ein Märchenschloss. Mehrere Restaurants und Unterhaltungsprogramm.

- V.I.P. Rd. | Koh-e-Fiza | Bhopal
  Tel. 0755/4 22 33 33
  www.noorussabahpalace.com

UNTERWEGS IN LADAKH

Vom Rest der Welt so gut wie abgeschnitten liegt Ladakh zwischen dem Karakorumgebirge und dem Großen Himalaya. Die bizarre Mondlandschaft der Hochgebirgswüste erinnert an Tibet. Der am heiligen Berg Kailasch entspringende Indus durchfließt das Kernland von Ladakh – einst wichtigster Verbindungspfad zwischen dem Dach der Welt und der indischen Ebene.

Geschichte und Religion von Ladakh sind eng mit Tibet verknüpft. Lange war es ein selbstständiges Königreich unter der Herrschaft einer tibetischen Dynastie. Erst 1843 eroberte es Maharaja Gulab Singh aus Jammu; 1947 wurde Ladakh als Provinz dem neu gegründeten Staat Jammu und Kaschmir zugeschlagen. Die Schließung der Grenze zu Tibet 1962 nach dem indo-chinesischen Krieg und der immer wieder aufflammende Grenzkonflikt mit Pakistan führten zu einer massiven Präsenz indischen Militärs in der politisch sensiblen Zone.

Noch immer sind wegen der politisch labilen Grenzlage weite Teile von Ladakh für Ausländer gesperrt. Umso bewundernswerter ist der Friede in Klöstern und Oasendörfern, die Unbeschwertheit und Fröhlichkeit der Ladakhi.

LEH 13 c1

Die 3500 m hoch gelegene Hauptstadt Ladakhs (20 000 Einw.), einst Treffpunkt von Karawanenrouten, wird vom neunstöckigen **Königspalast** überragt, der Anfang des 17. Jhs. vom Löwenkönig Sengge Namgyal erbaut wurde. Die meisten der einst hundert Räumlichkeiten sind verfallen. Die Palasttempel können besucht werden. Zu Füßen des Palastes breitet sich die Stadt aus. In relativ kurzer Zeit werden Sie alle Winkel kennen.

Durch Gerstenfelder führt ein hübscher Weg (3 km) in nördlicher Richtung, vorbei am Ökologischen Zentrum (mit kleiner Bibliothek

TOUR IN LADAKH

TOUR 3

DURCH DEN HOHEN NORDEN IN LADAKH > S. 65

Delhi > Leh > Burg Shey > Kloster Tikse > Kloster Hemis > Kloster Spituk > Kloster Phiyang > Basgo > Kloster Alchi > Kloster Lamayuru

Ladakhische Kultbauten, sogenannte Chörten, bei Shey

und informativen Videos), zum Meditationskloster von **Shankar** mit schönen Wandmalereien (tgl. 7–10, 17–18 Uhr).

Am Nordrand von Leh steht **Changspa Chörten,** das älteste Heiligtum aus der Zeit der Darden (8. Jh.). Ein 14 km langer Abstecher nach Süden führt zur letzten Residenz der Könige in **Stok,** in der man interessante Gegenstände aus dem Besitz der Königsfamilie, besonders 500 Jahre alte Rollbilder, ansehen kann (tgl. 8–20 Uhr).

HOTELS

Luxus heißt in Leh täglich warmes Wasser und eine saubere, funktionstüchtige Einrichtung. Alle Hotels in Leh sind klein und einfach, viele haben hübsche Gärten. Von Leh kann man die meisten Sehenswürdigkeiten Ladakhs im Tagesausflug besuchen.

Gomang Boutique Hotel €€
Derzeit wahrscheinlich das beste Hotel in Leh: Topmodern, sehr komfortabel, farbenfroh und mit viel Liebe zum Detail eingerichtet.

- Upper Changspa Road
  Leh
  Tel. (mobil) 094 19 12 91 57
  www.gomanghotelleh.com

Ladakh Residency €€
Das komfortable Hotel mit unzähligen Holzbalkonen ist mit tibetischen Rollbildern dekoriert. Sehr gute Betten, Holzparkett, großzügige Bäder und exzellenter Service.

- Changspa Road | Leh
  Tel. 01982/25 41 11
  www.ladakhresidency.com

RESTAURANTS

Viele Rucksacktouristen bleiben länger in Leh. Entsprechend groß ist die Zahl der kleinen Restaurants. Das Essen ist generell gut, kulinarische Hochgenüsse sollte man allerdings nicht erwarten. In vielen dieser Lokale sitzt man gemütlich und kommt leicht mit anderen Reisenden ins Gespräch.

Tibetan Kitchen €
Leckere tibetische Küche, probieren Sie Momos, gedämpfte Teigtaschen mit Fleisch oder Gemüse. Spezialität ist der Hot Pot *(gyako)*, der vier Leute satt macht. Wie beim Fondue kann man sein Fleisch und Gemüse selber garen. Das Gericht muss einen Tag im Voraus bestellt werden.
- Fort Road (gegenüber Hotel Tso-Kar) Leh | Tel. (mobil) 096 22 27 35 05

SHOPPING

Da Ladakh verwaltungstechnisch zu Kaschmir gehört, fluten in der Touristensaison Kaschmiris das Industal und bieten ihre schönen Textilien, Teppiche, Pashmina-Schals und Lackarbeiten im muslimisch-indischen Stil an. Die ladakhischen Produkte sind eher an der tibetisch-buddhistischen Kultur orientiert. Religiöse Rollbilder (Thangkas), Bronzegegenstände und typischer Schmuck aus Silber, Türkisen, Korallen (glücklicherweise meist falsch, denn ihre Einfuhr nach Deutschland ist verboten) und Muscheln sind ihre Spezialität. Die Haupteinkaufsmeile ist der **Main Bazar.**

Buddhist Thangka House
Thangkas sind eine Wissenschaft für sich. Als Meditationsbilder sollen sie dem Anfänger bei der Visualisierung seiner Schutzgottheiten usw. helfen. Ein guter Thangka-Händler erklärt Ihnen den Inhalt.
- Main Bazar | Leh
  Tel. 01982/25 56 69

ÖSTLICH VON LEH

SHEY 14 c1

Auf dem Weg von Leh nach Shey, der alten Hauptstadt, kommt man durch das tibetische Flüchtlingsdorf Choglamsar (SOS-Kinderdorf). Die fast 600 Jahre alte Burg von Shey ist verfallen, doch sollte man hinaufsteigen, um den Buddha-Tempel mit schönen Wandmalereien zu besuchen (tgl. 6–21 Uhr). Am Fuß der Festungsruine sind Steinreliefs aus der Frühzeit des Buddhismus im Himalaya (ca. 8. Jh.) zu sehen. Von der Burg aus hat man einen tollen Blick über das Industal.

TIKSE 15 c2

Das Kloster, seit dem 16. Jh. Sitz des Gelbmützenordens, thront auf einem Felsen hoch über dem Industal. Beachtenswert sind die alten Holzsäulen im Hauptgebetsraum der

Kloster Tikse

Mönche, die Wandmalereien und der neue Maitreya-Tempel.

Besonders schön ist der Blick vom Flachdach auf die Sechstausender der Zanskar-Kette und über das fruchtbare Tal. Wer möchte, kann eine ca. einstündige Wanderung von Tikse nach Shey unternehmen (tgl. 6–18 Uhr).

HEMIS 16 c2

Das reichste und durch das alljährliche Hemis-Fest (Juni/Juli) auch bekannteste Kloster liegt versteckt in einem Seitental des Indus. Tempel, Mönchszellen und Gemeinschaftsräume kleben förmlich an der steilen Felswand. Mönche des Rotmützenordens führen Sie durch einige Räume.

Eine Vorstellung von den Ausmaßen der Klosteranlage erhält man von einem erhöhten Standpunkt beim etwa eine Stunde dauernden, sehr steilen Aufstieg zur Eremitage (Gotsang Gompa) in 3900 m Höhe.

WESTLICH VON LEH

SPITUK 17 c1

Oberhalb des Flughafens, dessen Anlagen die Gegend leider verschandeln, liegt das Zentralkloster des Gelbmützenordens mit dem rot getünchten Kultraum der Schutzgötter (Gonkhang) darüber. Obwohl auf den ersten Blick verwirrend, ist es doch nach den klassischen Anlageprinzipien eines tibetischen Klosters errichtet. In der Versammlungshalle steht der Thron des Abtes, neben dem sich die wichtigste verhüllte Schutzgottheit der Gelbmützen, Yamantaka, befindet. Im dahinter liegenden Figurenraum steht ein Buddha, der wertvolle Reliquien enthält. > mehr S. 12 Punkt 4

Außerhalb des Komplexes steht der faszinierende Raum der Schutzgottheiten mit einem riesigen verhüllten Yamantaka und einem Mahakala, der von den Hindus als Shiva verehrt wird. Den schönsten Blick auf das Kloster hat man vom Dorf Spituk aus.

PHIYANG 18 c1

Das Kloster liegt in einem malerischen Seitental des Indus. Besonders schön sind die gut erhaltenen Wandmalereien aus dem 16. Jh. im Tempel der Schutzgottheiten. Auch die Malereien im Versammlungsraum sind von herausragender Qualität. Im neuen Versammlungsraum gibt es eine Sammlung alter Bronzen aus dem buddhistischen Kaschmir des 13. Jhs.

UNTER-LADAKH

Landschaftlich überaus reizvoll ist die Fahrt entlang dem oberen Indus über **Basgo** b1, der alten Hauptstadt von Unter-Ladakh mit trutziger Burgfeste, bis nach **Saspol** 19. Unterwegs bietet sich ein Abstecher zum pittoresk gelegenen Kloster von **Likir** b1 an.

ALCHI 20 7 b1

Das 1000 Jahre alte Kloster ist einer der größten Kunstschätze im Himalaya (UNESCO-Weltkulturerbe) und einziges Zeugnis der Kunst

Tempelpriester in Lamayuru

des mittelalterlichen buddhistischen Reichs von Kaschmir. Holzschnitzereien und Malereien aus der Entstehungszeit sind an Schönheit und Feinheit kaum zu übertreffen und stilistisch völlig anders als die Kunst der anderen Klöster. Besonders die 4 m hohen Stuckfiguren von Buddha und seinen Bodhisattvas Avolokiteshvara und Maitreya sind mit religiösen und höfischen Motiven feinstens bemalt.

HOTEL

Zimskhang Holiday Home €€

Sehr saubere, oft empfohlene Unterkunft mit Restaurant nahe der Bushaltestelle.

- An der Zufahrt zum Tempel
  Alchi
  Tel. 01982/22 70 86 oder 22 70 85

LAMAYURU 21 ★ a1

Von Saspol Richtung Srinagar führt die Militärstraße über zahlreiche Serpentinen des Fatu-La-Passes nach Lamayuru (60 km).

Die Lage des Klosters am Rand eines ausgetrockneten Sees mit seinen bizarren Erosionsformen ist beeindruckend. Aus der Gründerzeit ist ein kleiner Tempelraum (Sengge Lakhang) ein Stück entfernt vom Haupttempel mit interessanten Buddhafiguren (leider in schlechtem Zustand) und originalen Wandmalereien aus dem 11. Jh. erhalten. Vom Innenhof gelangt man in den reich geschmückten Gebetsraum (Dukhang); an der Seitenwand ist die Meditationshöhle des Weisen Naropa (10. Jh.) zu sehen.

MUMBAI UND DER WESTEN

Mumbais Hauptbahnhof Chattrapati Shivaji Terminus (ehemals Victoria Terminus) im viktotianischen Baustil

Koloniales Erbe, Finanzzentrum, Bollywood – Mumbai ist Indiens Boomtown. Von der buddhistischen Vergangenheit erzählen die Höhlen von Ellora und Ajanta. Entspannten Urlaub versprechen Goas Traumstrände

Metropole oder Moloch? Mumbai (das ehemalige Bombay) einzuordnen fällt schwer. Auf der einen Seite stehen die enorme Überbevölkerung der Stadt und der unübersehbare krasse Gegensatz zwischen arm und reich, auf der anderen Seite das unbestreitbar Kosmopolitische, das Mumbai so besonders macht. Der reichen Schickeria und der Glitzerwelt von Bollywood ist es zu verdanken, dass Mumbai als einzige Stadt in Indien ein nennenswertes Nachtleben hat.

Ganz anders präsentiert sich das Dekkan-Hochland, wo es die großartigen Höhlenklöster und -tempel von Ajanta und Ellora zu entdecken gibt. Eigentümliche Tafelberge prägen die Landschaft, dazwischen liegen fruchtbare Täler, in denen Baumwolle, Zuckerrohr und Weizen wächst.

Die ehemalige portugiesische Kolonie Goa hat einen ganz anderen Reiz. Auf einem Küstenstreifen von 100 km gibt es über 40 Strände. Die Ersten, die sie »entdeckten«, waren Hippies; mittlerweile ist die Gegend gut erschlossen, aber es gibt weder Bettenburgen noch unzugängliche Strandabschnitte. Zusätzlichen Charme verleiht das leckere Essen (frischer Fisch in allen Variationen) und die immer noch leicht portugiesisch angehauchte Kultur.

TOUR IN DER REGION

TOUR 4

MUMBAI UND DAS DEKKAN-HOCHLAND

ROUTE: Mumbai > Aurangabad > Ajanta und Ellora > Mumbai

KARTE: Seite 106
DAUER: 4 Tage

PRAKTISCHE HINWEISE:

- Um über Mumbais Sehenswürdigkeiten einen Überblick zu gewinnen, mietet man sich am besten ein Taxi für den ganzen Vormittag.
- Mittags lässt man sich am Gateway of India absetzen. Von dort erreicht man Restaurants, die Einkaufsmeile Colaba Causeway und das Prince of Wales Museum zu Fuß.
- Nach Elephanta geht es ab Gateway of India in ca. 1 Std. per Boot.

- Die Flugzeit nach Aurangabad beträgt nur etwa 45 Min., aber Achtung: Da Mumbais Zentrum an der Spitze einer langgestreckten Halbinsel liegt, muss man während der Stoßzeiten das Doppelte der normalen Zeit für den Weg zum Flughafen einplanen.
- In Aurangabad brauchen Sie für die nächsten beiden Tage einen Mietwagen.

TOUR-START:

Am ersten Tag besichtigt man in Ruhe die koloniale Altstadt von **Mumbai** 1 › S. 107 mit dem **Gateway of India,** dem **Victoria Terminus** sowie der **Universität** › S. 108 und gönnt sich ein leckeres Mittagessen, vielleicht im **Taj Mahal Hotel** › S. 109. Den Nachmittag könnte man dem Shopping in den zahlreichen Basaren oder den Geschäften auf dem Colaba Causeway widmen. Für mehr Kulturinteressierte ist das **Prince of Wales Museum** › S. 108 der richtige Ort.

Wer am Abend noch nicht genug hat, sollte sich einmal einen Bollywood-Film im Kino ansehen. Spannend ist auch der **Chowpatty Beach,** der mit der Dämmerung zum Leben erwacht.

Am zweiten Tag steht eine Bootsfahrt zur Insel **Elephanta** › S. 112 auf dem Programm. Dort kann man einen der beeindruckendsten Höhlentempel besichtigen.

Am Nachmittag geht der Flug nach Aurangabad, wo Sie für zwei Nächte Quartier beziehen. Der Tagesausflug zu den einmaligen Höhlenklöstern von **Ajanta** › S. 113 beginnt dann möglichst früh am nächsten Morgen.

Der letzte Tag ist vormittags den Höhlen von **Ellora** › S. 113 gewidmet. Der gigantische Kailasha-Tempel, der in einem Stück aus dem Fels gehauen wurde, ist atemberaubend.

Am frühen Abend geht ein Flug zurück nach Mumbai.

TOUR IM WESTEN

TOUR 4

MUMBAI UND DAS DEKKAN-HOCHLAND
Mumbai › Aurangebad › Ajanta und Ellora › Mumbai

UNTERWEGS IM WESTEN

MUMBAI (BOMBAY) 1 ★ B4

Indiens bevölkerungsreichste Stadt (28 Mio. Einw.) liegt auf einer langen, schmalen Halbinsel, die 22 km weit ins Arabische Meer hineinreicht. Handel und Wandel florieren hier schon lange, und im Lauf der Jahrhunderte ließen sich Menschen verschiedenster Herkunft nieder: neben den einheimischen Marathen und anderen Hindus auch Parsi, Juden, Portugiesen und natürlich die Briten, unter deren Herrschaft Bombay zur Handels- und Finanzkapitale und zum wichtigsten Hafen Indiens wurde. Gigantische Bauwerke dokumentieren den kolonialen Wohlstand des 19. Jhs.

Auch heute ist Mumbai mit seinem kosmopolitischen Charakter der wirtschaftliche Motor Indiens und das Zentrum der indischen Filmindustrie – »Bollywood« ist weltweit ein Begriff. In der Stadt geben heute wieder die Marathen den Ton an. Sie haben nicht nur dafür gesorgt, dass die Stadt seit 1996 den Namen Mumbai trägt, sondern sie stellen auch die Stadtregierung mit der Partei Shiv Sena, die nach dem Marathenführer Shivaji benannt ist.

Eins der größten Probleme ist die Raumnot, die zu astronomischen Grundstückspreisen geführt hat. Seit 1970 wurde als entlastende Maßnahme Neu-Mumbai gebaut, die »größte geplante Stadt der Welt«.

FORTVIERTEL

Das ehemalige Fortviertel der Briten besitzt ein einmaliges Ensemble kolonialer Prachtbauten. Hunderte stehen unter Denkmalschutz, doch fehlen oft die Mittel, um sich angemessen darum zu kümmern.

An der nördlichen Grenze des Areals steht der schöne Crawford Market (Phule Market). > mehr S. 14 Punkt 12 Nicht weit davon ist der **Tempel der Göttin Mumbadevi,** von der die Stadt ihren heutigen Namen hat. Der südlich davon gelegene **Victoria Terminus** (Chattrapati Shivaji Terminus, UNESCO-Weltkulturerbe) von 1887 ist ein Prachtexemplar des viktorianischen Historismus. Gegenüber steht das

Hochhausbezirk um das World Trade Centre Mumbai

ebenso üppige **Municipal Corporation Building.** Östlich davon ist der eigentliche Kern der Stadt (Bombay Castle) heute nicht zugänglich, da Hafenbereich.

Richtung Süden geht es am alten **Rathaus** (1838) am Horniman Circle und dem **Flora Fountain** (Ende 19. Jh.) vorbei zum **Maidan.** Diese langgestreckte Grünfläche war einst die Freifläche vor der Stadtmauer. Ende des 19. Jhs. wurde die Mauer abgerissen und an ihrer Stelle eine Phalanx prächtiger Bauten errichtet. Das **High Court Gebäude** (1878) ist am Pyramidendach im neogotischen Stil zu erkennen. Der 48 m hohe **Rajabai-Turm** über der Universitätsbibliothek war im 19. Jh. das höchste Gebäude der Stadt. Nach Süden schließen sich die **University Hall** (1857) und das **Old Secretariat** (1874) an. Nahe dem Universitätsgelände zeigt die **Jehangir Gallery** moderne Kunst.

MAHATMA GANDHI

Nahe Chowpatty Beach und der ehemaligen Prachtstraße Marine Drive, deren Ende die Hochhäuser von Air India und das Oberoi markieren, liegt in einer kleinen Seitenstraße der **Mani Bhavan,** das Wohnhaus, in dem Mahatma Gandhi um 1930 als Gast der Familie Birla gelebt hat. Das kleine Museum gewährt Einblick in das Wirken des Vaters der Nation und verrät gleichzeitig viel über das Leben der Mittelschicht im kolonialen Bombay.

Daneben liegt hinter Palmen das kuppelgekrönte **Prince of Wales Museum** (Chattrapati Shivaji Museum). Besonders die archäologische Abteilung mit Exponaten gräkobuddhistischer (Gandhara), hinduistischer sowie tibetisch-buddhistischer Kunst lohnt einen Besuch (tgl. 10.15–18 Uhr, Eintritt 650 Rs, www.csmvs.in).

Geführte Stadtspaziergänge bietet die Heritage Walks Society an (www.bombayheritagewalks.com).

GATEWAY OF INDIA

Das Wahrzeichen Mumbais erhebt sich direkt am alten Passagierhafen und erinnert an die Ankunft von George V., der als erster englischer König 1911 nach Indien kam. Er durchschritt das Tor jedoch niemals, da es erst 1923 fertig wurde. Hier befindet sich auch das berühmte **Taj Mahal Hotel** › S. 109. Es war das erste Luxushotel, zu dem Briten und Inder gleichermaßen Zugang hatten.

MALABAR HILL

Von den **Hängenden Gärten** im Stadtteil Malabar Hill blickt man auf die Skyline von Mumbai. Nebenan erheben sich die Türme des Schweigens: die fünf Bestattungstürme der Parsi. Hinter hohen Bäumen verborgen werden die Verstorbenen »luftbestattet«, d.h., den Vögeln zum Fraß ausgesetzt. Nördlich von Malabar Hill steht der älteste Tempel der Stadt: Scharen von Gläubigen kommen täglich zum **Mahalakshmi-Tempel,** um die gleichnamige Göttin um Wohlergehen zu bitten.

Schlafen wie eine Prinzessin im glanzvollen Taj Mahal Hotel

INFO

Tourist Office

Infoschalter auch am Flughafen.

- 123 Karve Rd. | Churchgate
  Mumbai | Tel. 022/22 03 31 44
  indiatourism-mum@mic.in

HOTELS

Gordon House Hotel €€€

Kleines, zentral gelegenes Hotel mit internationalem Schick.

- 5 Battery Street | Apollo Bunder
  Colaba | Mumbai | Tel. 022/22 89 44 00
  www.ghhotel.com

The Oberoi €€€

Luxuriöses 5-Sterne-Hotel am Marine Drive.

- Nariman Point | Mumbai
  Tel. 022/66 32 57 57
  www.oberoimumbai.com

Taj Mahal Palace €€€

Legendäres Luxushotel am Gateway of India, stilvolles Ambiente im alten Trakt, toller Ausblick im neuen Trakt. > **mehr S. 13 Punkt 10**

- Apollo Bunder | Colaba | Mumbai
  Tel. 022/66 65 33 66 | www.tajhotels.com

Residency €–€€

Sehr gutes kleines Mittelklassehotel direkt bei der Victoria Terminus Station.

- 26 Gunbow Street, Corner of D.N.Road
  Ford | Mumbai | Tel. 022/22 62 55 25
  www.residencyhotel.com

RESTAURANTS

Mumbai hat eine riesige Auswahl an Restaurants mit allen erdenklichen Küchen der Welt. Gut essen kann man nicht nur in den großen Hotels, sondern auch preisgünstig in kleinen Restaurants am Wege. Lassen Sie sich nicht von verblichenem Ambiente abschrecken!

Konkan Café €€€

Das elegante, im Stil eines traditionellen Kerala-Hauses mit warmen Terrakottatönen eingerichtete Restaurant des Hotel

President serviert fabelhaft gute Gerichte der südindischen Küste. Die Thalis sind ein Gedicht, ebenso die mit Kokosmilch zubereiteten Seafood-Curries.

- 90 Cuffe Parade | Mumbai
  Tel. 022/66 65 08 08
  www.seleqtionshotels.com

Jimmy Boy €
Eine Besonderheit Mumbais ist die Parsi-Küche – indisch mit iranischen Elementen. Kebabs, Linsengerichte (Dal), Gemüse, Curry und *Sali par edu* (Kartoffelscheibchen mit Ei) sind Spezialitäten.

- 11 Bank St. | Vikas Building (beim Horniman Circle) | Mumbai
  Tel. 022/22 70 08 80

Mahesh Lunch Home €
Einfaches Ambiente, aber großartige Fischküche, z. B. Gaboli Masala (Kaviarcurry).

- 8B Cawasji Patel St. | Fort | Mumbai
  Tel. 022/22 87 09 38
  www.maheshlunchhome.com

Olympia Coffee House €
1918 gegründetes Lokal; eine Institution für Millionäre und Taxifahrer gleichermaßen.

- Rahim Mansion | 1 Colaba Causeway (gegenüber Café Leopold) | Mumbai
  Tel. 022/22 02 10 43

SHOPPING

Cotton World
Große Auswahl an Textilien.

- Ram Nimi Building | Mandlik Road Colaba | Mumbai | Tel. 022/22 85 00 75
  www.cottonworld.net

Chor Bazaar
Auf dem »Diebesbasar« gibt es jede Menge Kunst und Krempel, manchmal auch echte Antiquitäten. (Sa–Do 11–21 Uhr)

- Zwischen Maulana Shakali Road und Sardar Patel Road | Mumbai

Colaba Causeway
Einkaufsmeile (Shahid Bhagat Singh Marg) im Süden mit zahllosen Geschäften.

DIE PARSI

Parsi sind Anhänger einer sehr alten, in Zentralasien entstandenen Religion, in der erstmals Konzepte wie das Jüngste Gericht, Herabkunft des Heilands, Paradies und Hölle formuliert wurden, die die Grundlagen von Judentum, Christentum und Islam bilden. In Persien einst Staatsreligion, ging diese Glaubensrichtung während des Siegeszuges des Islams fast unter. Einige Gemeinden retteten sich nach Indien, wo sie die Position einer Händlerkaste einnahmen. Da sie nicht voll in die hinduistisch-jainistischen Händlergilden des Landes integriert wurden, schlossen sie sich in der Kolonialzeit eng an die Engländer an. Sie übernahmen Kleidung, westliche Musik und Gepflogenheiten und betätigten sich besonders in ihrem Hauptwohn- und Geschäftsort Mumbai als Stifter öffentlicher Bauten. Familien wie die Tatas und die Godrejs gehören heute zu den reichsten Industriellen.

Diskret verfolgen sie jedoch ihre Traditionen weiter. Bestattungstürme und Feuertempel sind für Nicht-Parsi nicht zugänglich. Im Westen bekannte Parsi sind z. B. Zubin Mehta und Freddy Mercury (richtiger Name: Faruk Bulsara).

Auf dem Chor Bazaar ist so ziemlich alles zu finden

Fab India

Großes Geschäft mit sehr schönen handbedruckten indischen Textilien zu Festpreisen (tgl. 10–20 Uhr).

- 137 M.G. Road | Kala Ghoda | Colaba Mumbai | Tel. 022/22 62 65 39 www.fabindia.com

NIGHTLIFE

Die westliche Art, sich zu amüsieren, hat sich in Mumbai durchgesetzt. In zahllosen Nachtklubs feiert die Schickeria bis in die Morgenstunden. Dresscode ist »smart casual«. Eine Alternative wäre es, einmal ins Kino zu gehen. > **mehr S. 12 Punkt 6**

XXO

Der vielleicht heißeste Nightclub der Stadt erstreckt sich über zwei Stockwerke (Level: 37 & 38) des schicken St Regis Hotel. Mi–So

- 462 Senapati Bapat Marg | Lower Parel Mumbai | Tel. 022/61 62 84 22 www.stregismumbai.com

Escobar – Tapas Bar

Mediterrane Häppchen in elegantem Lounge-Ambiente und vorzügliche Cocktails am längsten Bartresen Indiens (23 m). Retro-Musikabend am Mittwoch mit Happy Hour die ganze Nacht.

- Linking Road | Bandra West Mumbai | Tel. 022/26 40 70 70

The Dome

Die coole Dachterrassenbar mit Pool des Hotel InterContinental ist der perfekte Ort für einen Sundowner mit spektakulärem Ausblick auf die Back Bay.

135 Marine Drive | Churchgate | Mumbai Tel. 022/39 87 99 99.

Regal Cinema

Eins der ältesten Kinos der Welt! Zeigt hindi- und englischsprachige Filme.

- Colaba Causeway | Apollo Bunder Mumbai | Tel. 022/22 02 10 17 www.regalcinema.in

AUSFLUG NACH ELEPHANTA ★

Eine Stunde braucht das Boot vom Gateway of India bis zur 10 km entfernten Insel. Ein schattiger, steiler Treppenaufgang führt zu den Kulthöhlen (UNESCO-Welterbe). Die Tempelanlage wurde im 7. Jh. aus dem Basaltfelsen gehauen. Im 17. Jh. zerstörten die Portugiesen einige der Götterstatuen. Trotzdem zählt Elephanta zu den schönsten Beispielen indischer Höhlentempelarchitektur.

Besonders sehenswert ist die Haupthalle mit fantastischen Hochreliefs, die den Gott Shiva in seiner Vielgestalt zeigen: als kosmischer Tänzer (Nataraja), Zerstörer des Bösen (Andhakasura), Ursprung der Schöpfung (Ardhanarishwara), Ahnherr der Yogis (Yogishwara). Ein Meisterwerk ist die dreigesichtige Darstellung von Maheshamurti: Shiva als Schöpfer, Erhalter und Zerstörer (Di–So; kein Video in den Höhlen erlaubt; Bootsverkehr ab 9 Uhr; Boot 200 Rs, Eintritt 350 Rs).

Der Kailash-Tempel in Ellora

ELLORA UND AJANTA

Eine knappe Flugstunde von Mumbai entfernt liegt **Aurangabad** B4 (1,2 Mio. Einw.), der Ausgangspunkt zum Besuch der prachtvollen in den Fels gehauenen Kloster- und Tempelanlagen, beide UNESCO-Weltkulturerbe. Aurangabad, eine aufstrebende Provinzkapitale, verdankt ihre Existenz dem Mogulkaiser Aurangzeb, der hier seine Hauptstadt etablierte. In Aurangabad selbst lohnt der Besuch des Mausoleums **Bibi-ka Maqbara,** einer kleinen Nachbildung des Taj Mahal.

HOTELS

Ambassador Ajanta €€
Großes, modernes Haus mit Geschäften und Pool im Garten.
- Jalna Road, CIDCO
  Aurangabad | Tel. 0240/6 60 72 36
  www.ambassadorindia.com

Rama International €€
Gutes kinderfreundliches Haus mit ca. 130 Zimmern, Garten und Pool.
- R-3 Chikalthana
  Aurangabad | Tel. 0240/6 63 41 41
  www.welcomhotelrama.com

Vivanta Aurangabad €€
Bestes Hotel der Stadt, moderne Architektur im Palaststil, riesiger Landschaftsgarten.

- 8-N 12 | CIDCO | Rauza Bagh Aurangabad | Tel. 0240/6 61 37 37 www.vivantahotels.com

RESTAURANTS

Am empfehlenswertesten sind die Restaurants der Hotels in Aurangabad.

HÖHLENANLAGEN VON ELLORA 2 8 B4

Schon die Fahrt vorbei an Tafelbergen nach Ellora (29 km von Aurangabad) ist landschaftlich reizvoll. 34 Kulthöhlen für Buddhisten, Hindus und Jainas wurden zwischen dem 4. und 13. Jh. aus dem vulkanischen Felsen gehauen. Sie zählen zu den bedeutendsten historischen Kleinoden Indiens.

Man beginnt die Besichtigung am Südende bei den buddhistischen Höhlen (4. bis 7. Jh.). Höhle Nr. 5 ist mit 35 m Tiefe die größte Versammlungshalle der Mönche (Vihara). Höhle Nr. 10, eine Gebetshalle (Chaitya), von außen leicht am hufeisenförmigen Fenster erkennbar, zählt zu den besten Beispielen buddhistischer Architektur: eine monolithische Säulenhalle, an deren Ende eine überdimensional große Buddhafigur aufgestellt ist.

Etwa in der Mitte des Höhlenkomplexes (Nr. 16) überwältigt der hinduistische **Kailash-Tempel** aus dem 8. Jh. Schätzungsweise 200 000 Tonnen Stein wurden hier abgetragen, um eines der schönsten Shiva-Heiligtümer zu gestalten. Die Hochreliefs im äußeren Umgang zeigen Szenen aus der Hindu-Mythologie. Treppen führen zum eigentlichen Heiligtum.

Von den Jaintempeln ist **Indra Sabha** (Nr. 32) mit z. T. erhaltener Deckenmalerei am eindrucksvollsten. Nachmittags fällt das Licht auf die Höhlen, die ideale Zeit für einen kleinen Spaziergang.

HÖHLENKLÖSTER VON AJANTA

3 B3

Dieser Tagesausflug nach Ajanta (100 km von Aurangabad) zählt zu den Höhepunkten einer Indienreise. 29 buddhistische Wohn- und Kulthöhlen aus der Zeit zwischen dem 2. Jh. v. Chr. und dem 7. Jh. n. Chr. sind einzigartige Meisterwerke der buddhistischen Ära in Indien.

Weltberühmt sind die Felsmalereien mit Szenen aus dem Leben des Buddha und der Bodhisattvas mit vielen Szenen aus dem zeitgenössischen höfischen Alltag. > mehr S. 17 Punkt 29

Bei ihrem Abzug im 7. Jh. hatten die Mönche die Höhlen mit Steinen und Erde verschlossen. Erst im 19. Jh. entdeckte ein Brite den Schatz. Die wohl schönsten Buddhastatuen sieht man in den Höhlen Nr. 1 und 2, den beiden Gebetshallen am Beginn der halbmondförmigen Anlage, sowie in Nr. 26. Wie durch ein Wunder haben die Mineral- und Pflanzenfarben der Wandmalereien (besonders in Nr. 1, 2, 16, 17 und 19) über die Jahrhunderte an Leuchtkraft kaum verloren. Seit der Freilegung mussten sie allerdings mehrfach restauriert werden.

INFO

Beide Höhlenanlagen sind Di–So 9–17 Uhr geöffnet; Blitzlichtfotos sind verboten.

STRANDPARADIES GOA 4 ★9 B5

Bis 1961 war Goa (1,4 Mio. Einw.) portugiesische Kolonie, danach indisches Unionsterritorium, seit 1987 ist es ein selbstständiger Bundesstaat mit der Hauptstadt **Panaji** (100 000 Einw.).

ALT-GOA ★

Die Überreste der ersten portugiesischen Hauptstadt, heute UNESCO-Weltkulturerbe, liegen 9 km von Panaji entfernt im Landesinneren. In der 1605 gebauten Basilika Bom Jesus fand der hl. Franz Xaver, Schutzpatron Goas, seine letzte Ruhestätte; sein Silbersarg steht in der Seitenkapelle. Die größte Kirche, Sé Cathedral, ist der hl. Katharina geweiht. Ganz in der Nähe steht die weiß getünchte Kirche des hl. Franz von Assisi, in der heute das Archäologische Museum untergebracht ist.

STRÄNDE

Kilometerlange Sandstrände, unter Palmen versteckte Dörfer, grüne Reisfelder – Goas Küste ist eine Bilderbuchlandschaft mit prächtigen Sonnenuntergängen. Mehr als 40 Strände ziehen sich von Nord nach Süd. Am besten erschlossen sind die Touristenstrände nördlich von Panaji zwischen Fort Aguada und Chapora Fort, von **Sinquerim Beach** über **Candolim, Calangute** und **Baga.** (Zu den lautesten Strandabschnitten zählt Sinquerim.) In **Anjuna** und **Vagator Beach** hat sich die Alternativszene etabliert. Zum Baden weniger geeignet sind alle Strände in der Nähe des Hafens von Panaji und Dona Paula. Südlich von Panaji finden sich die breitesten weißen Sandstrände, vor allem **Varca Beach, Benaulim** und **Colva Beach.** Letzterer ist Goas größter Strand mit den meisten Hotels. > mehr S. 16 Punkt 25

HOTELS

In Goa gibt es viele schicke Strandhotels in weitläufigen Anlagen, die sich alle ähneln: generell herrscht ein sehr guter Standard mit großen und freundlichen Zimmern. Das Personal ist nett und das Tempo gemütlich. Pauschalangebote können manchmal sehr günstig sein im Vergleich zu den normalen Tarifen. Es gibt in Goa auch kleine Hotels in renovierten portugiesischen Häusern, aber leider nie am Strand.

The LaLiT Golf & Spa Resort Goa €€€
Großzügiges attraktives Strandhotel an einem der schönsten Strände Goas, nicht überlaufen. Einziger Nachteil: es liegt ein wenig abseits.
- Rajbaga | Canacona
  Tel. 0832/2 66 77 77 | www.thelalit.com

Leela Kempinski Goa €€€
Vielgelobtes exklusives Resorthotel, Luxus pur, perfekter Service und Aktivangebote.
- Mobor | Cavelossim
  Tel. 0832/6 62 12 34
  www.theleela.com

ITC Grand Goa Resort and Spa €€€
Exklusives 5-Sterne-Resort, nur 30 Min. vom Flughafen.
- Arossim Beach | Cansaulim
  Tel. 0832/2 72 12 34
  www.itchotels.in

Taj Exotica €€€
Luxuriöses Spa-Hotel am ruhigen Strand.
- Benaulim | Tel. 0832/6 68 33 33
  www.tajhotels.com

Panjim Inn €€
Drei mit viel Liebe zum Detail restaurierte historische Stadthäuser (Inn, Pousada und Peoples). Dazu gehören eine Kunstgalerie und das Restaurant The Verandah, in dem traditionelle Küche aus Goa serviert wird.
Rua 31 de Janeiro | Fontainhas
Tel. 0832/2 22 65 23 | www.panjiminn.com

RESTAURANTS

Goas Küche ist lecker und scharf: ob gelbe Fischcurrys, Chicken Xacuti oder Pork Vindaloo. Meist wird mit Kokosmilch gekocht. Dazu schmeckt ein kühles Bier oder goanischer Wein, zur Verdauung ein Feni (Cashew- oder Kokosschnaps). Die zahlreichen Strandrestaurants sind gut und preiswert. Dort bekommen Sie frischen Fisch, Gambas, Lobster usw. Die meisten größeren Hotels bieten zum Dinnerbuffet unter freiem Himmel Livebands und manchmal portugiesische Volksmusik.

Delhi Darbar €
Eine echte Topadresse für ganz Goa mit feiner Mughlai-Küche.
- Mahatma Gandhi Rd. (am Nordende, gegenüber Magnum Centre)
  Panaji | Tel. (mobil) 091 12 23 89 99

Pousada by the Beach €
Feine goanische Küche direkt am Strand.
- Porba Vaddo | Holiday St. | Calangute
  Tel. (mobil) 099 22 27 92 65

SHOPPING

Rund um die größeren Hotels verkaufen Händler während der Hauptsaison von Teppichen bis Seidentüchern alles, was der indische Markt zu bieten hat. Eine **große Einkaufsstraße** verläuft nahe dem Fort Aguada Hotel in Sinquerim. Ein einmaliges Überbleibsel aus der Hippiezeit ist der **Flohmarkt** in Anjuna (Nord-Goa) am Mittwoch mit abendlichem Strandfest.

Kühe sind heilig – warum also sollten sie sich nicht auch an Goas Stränden sonnen?

CHENNAI UND DER SÜDEN

Beim Städtchen Shivanasamudra in Karnataka bildet der Fluss Kaveri den Bharachukki-Wasserfall

Südindien birgt großartige Naturschutzgebiete und in Tamil Nadu einzigartige Tempelstädte. Kerala ist ein Ayurveda-Paradies. Das ehemalige Königreich Mysore bildet heute den Kern des Unionsstaats Karnataka.

Die dreieckige Spitze des Subkontinents liegt südlich des Wendekreises des Krebses und ist damit im eigentlichen Sinn tropisch. Es ist gleichbleibend warm, und besonders die Küstengegenden sind sehr feucht. Verwaltungstechnisch ist das Gebiet in die drei Bundesstaaten Tamil Nadu, Kerala und Karnataka eingeteilt. Jeder Staat hat seine eigene Sprache und Schrift.

Tamil Nadu mit der Hauptstadt Chennai (vormals Madras) ist die Hochburg der südindischen Kultur. Zahlreiche Monumente erinnern an eine große Vergangenheit, das vielfältige rituelle Leben in den großen Tempelzentren ist einzigartig. Tamil Nadu ist aber auch das Boomland des Südens; Industrieparks und ausufernde Neustädte am Rande Chennais und anderer Städte wie Madurai zeugen davon, eingebettet in die üppig-grüne Tropenlandschaft.

Keralas Reiz bestimmen bewaldete Berge und ein schmaler Küstenstreifen, den Seen, Sümpfe und Kanäle durchziehen. Dies ist »God's Own Country«; hier wächst alles in Hülle und Fülle, und die Menschen sind aus alter Tradition weltoffen.

Seltener besucht wird Karnataka, obwohl auch diese Region viele kulturelle Höhepunkte zu bieten hat.

TOUREN IN DER REGION

TOUR 5

TEMPEL IN TAMIL NADU

ROUTE: Chennai (Madras) > Mahabalipuram > Kanchipuram > Darasuram > Thanjavur > Tiruchirapalli > Srirangam > Madurai

KARTE: Seite 118
DAUER: 6–7 Tage

PRAKTISCHE HINWEISE:

- Am einfachsten ist es, sich in Chennai für die Dauer der ganzen Reise einen Wagen mit Fahrer zu mieten.
- Die lebenden Tempel sind normalerweise von 4 Uhr morgens bis 12 Uhr mittags und von 16 bis 21 Uhr geöffnet. Beide Zeiten haben ihre Vorteile. Vor allem morgens sollte man nicht zu spät da sein. Die Atmosphäre abends im Dunkeln ist besonders mystisch.

- In allen Tempeln muss man selbstverständlich die Schuhe ausziehen. In Madurai sind noch nicht einmal Socken erlaubt, Messer und Zigaretten ebenfalls nicht.
- Zum inneren Tempelbereich haben Nichthindus keinen Zutritt, aber es gibt auch so genug zu sehen.

TOUR-START:

Nach der Ankunft in **Chennai** 1 › S. 120 reicht ein halben Tag für die Sehenswürdigkeiten der Stadt. Weiter geht es nach **Mahabalipuram** 2 › S. 123 direkt am Meer, wo man sich für zwei Tage niederlässt, die Tempel besichtigt und tags darauf einen Ausflug nach **Kanchipuram** 3 › S. 124 unternimmt.

TOUREN IM SÜDEN

TOUR 5

TEMPEL IN TAMIL NADU

Chennai (Madras) › Mahabalipuram › Kanchipuram › Darasuram › Thanjavur › Tiruchirapalli › Srirangam › Madurai

TOUR 6

PALÄSTE UND TEMPEL VON KARNATAKA

Mysore › Srirangapatnam › Somnathpur › Sravanabelgola › Hassan/Chikmagalur › Belur und Halebid › Hassan/Chikmagalur › Mysore

Der vierte Tag, lang, aber interessant, führt durchs Delta des Flusses Kaveri nach **Thanjavur** 6 › S. 127. Lagunen und Reisfelder wechseln sich ab mit bizarren Felsformationen. Unterwegs kann man einen Abstecher zu den mittelalterlichen Tempeln von **Darasuram** machen.

Frühmorgens am nächsten Tag ist das Licht am großartigen **Brihadishvara-Tempel** › S. 128 in Thanjavur am schönsten. Man könnte noch den Palast mit seinen schönen Bronzen besuchen und fährt dann weiter nach **Tiruchirapalli** › S. 126, wo man entweder am Nachmittag durch die Altstadt bummelt und den Rock-Fort-Felsen erklimmt, oder in die mystische Atmosphäre des Tempels von **Srirangam** 5 › S. 126 eintaucht.

Am nächsten Vormittag, vielleicht nach dem Besuch von Srirangam, geht es weiter nach **Madurai** 4 › S. 125, wo man sich unter die Gläubigen mischt, die zum **Minakshi-Tempel** strömen, um die gleichnamige Göttin zu verehren. Tempelsatt fliegt man schließlich von Madurai zurück nach Chennai.

TOUR 6

PALÄSTE UND TEMPEL VON KARNATAKA

ROUTE: Mysore › Srirangapatnam › Somnathpur › Sravanabelgola › Hassan/Chikmagalur › Belur und Halebid › Hassan/Chikmagalur › Mysore

KARTE: Seite 118
DAUER: 5 Tage
PRAKTISCHE HINWEISE:
- Vom Flughafen Bangalore (Verbindungen mit Mumbai, Chennai, Delhi, Kochi; auch Direktflüge von Europa) nimmt man am besten einen Mietwagen mit Fahrer.

TOUR-START:

Fahren Sie vom Flughafen Bangalore gleich weiter ins hübschere **Mysore** 10 › S. 135 und bleiben Sie dort zwei Tage. Vielleicht können Sie nachmittags schon den **Königspalast** › S. 136 besichtigen.

Am Folgetag stehen der **Devaraja Fruit & Vegetable Market** › S. 136 und die Altstadt auf dem Programm sowie als Ausflug Festung und Sommerpalast von **Srirangapatnam** 12 › S. 138 und der wunderbare Tempel von **Somnathpur** 11 › S. 138.

Am dritten Tag geht es durch Zuckerrohrfelder, Kokoshaine und freundliche Dörfer nach **Sravanabelgola** › S. 138, wo ein Jaina-Heiligtum auf einem Berg zu bestaunen ist. Die 360 Stufen müssen ohne Schuhe erklommen werden! Die eindrucksvolle, 17 m hohe Statue aus dem 10. Jh. und der wunderbare Blick ins Land sind die Belohnung.

Um die Hoysala-Tempel von **Belur** 15 und **Halebid** 16 › S. 139 zu besichtigen, übernachtet man zuvor in **Hassan** › S. 138 oder **Chikmagalur** › S. 138. Von dort aus kann man am nächsten Tag zurück nach Mysore fahren – oder direkt in die Metropole Bangalore.

UNTERWEGS IN TAMIL NADU

CHENNAI UND UMGEBUNG

Schon seit über 2000 Jahren ist die Ostküste gesprenkelt mit kleinen und großen Häfen, von denen aus Schiffe nach Indonesien, Birma, Kambodscha und China fuhren. Der Handel bildete eine wichtige Grundlage für die Entstehung der großen mittelalterlichen Reiche, die uns so viele schöne Bauwerke hinterlassen haben. Später, im 16. und 17. Jh., kamen Portugiesen, Holländer und Briten, die an diese Tradition anknüpften, indem sie sich von einheimischen Herrschern Land schenken ließen und Niederlassungen gründeten. Von hier aus wurden jahrhundertelang koloniale Wettbewerber und einheimische Herrscher bekämpft, bis die Briten 1799 den größten Konkurrenten, Tipu Sultan von Mysore, besiegten und Madras (heute Chennai) zur Hauptstadt der riesigen Provinz »Madras Presidency« machten.

CHENNAI (MADRAS) 1 C5

1639 ließen die Briten sich hier in einem der zahlreichen schon existierenden Häfen nieder, doch konnte Madras nie die Bedeutung von Kalkutta oder Bombay erlangen. Bis heute ist dieser Umstand deutlich sichtbar. Es gibt wenige grandiose Kolonialbauten, und nach wie vor hat die Stadt kaum den Charakter einer Metropole, obwohl die Wirtschaft boomt, wie man besonders in den Vorstädten sehen kann. Chennai wird heute, wenig fantasievoll, »Detroit des Ostens« genannt, weil es das Zentrum der indischen Autoindustrie ist.

FORT ST. GEORGE UND STADTMITTE

Der Kern der Stadt ist nach wie vor die britische **Festung**, die 1644 gebaut und im 18. Jh. noch einmal verstärkt wurde. Die Wehrmauern und einige Gebäude im Inneren sind noch erhalten, besonders die St. Mary's Church (1680). Ein kleines Museum informiert über die Kolonialgeschichte.

Die Festung wurde direkt ans Meer gebaut, im Süden geschützt vom Flüsschen Cooum. Davor liegt der Hafen, für Besucher nicht zugänglich. Heute ist im Fort das Landesparlament von Tamil Nadu mit seinen Ministerien zuhause. Man kann sich im Strom der wichtigen Politiker und Beamten treiben lassen. Aus Sicherheitsgründen muss man am Eingang seine Taschen vorzeigen.

Nördlich des Forts ist die sogenannte Georgetown, vormals die »Eingeborenenstadt«. Man kann das sofort an den verwinkelten Gassen erkennen. Hier lebten die, die für die Engländer als Handelsagenten oder Handwerker arbeiteten. Heute ist es ein quirliges Basarviertel. Am Rande wurde 1892 das grandiose **High Court Building** im viktorianischen Fantasiestil errichtet. Im 19. Jh. wurde auch der Hauptbahnhof gebaut und die größte Flaniermeile der Stadt, die **Marina,** mit schönen Bauten verziert. Auch heute kommen die Bewohner zum langen Strand, um abends die frische Brise zu genießen. Imbissbuden, Schausteller und Karussells sorgen für Stimmung.

Die heutige Hauptstraße der Stadt ist die **Anna Salai (Mount Road),** die von der Festung aus nach Südwesten führt. Diese und die Marina erschlossen die Südausdehnung der Stadt im späten 19. Jh.

Westlich der Mount Road liegt in der Pantheon Road Chennais wichtigste Sehenwürdigkeit, das **State Government Museum.** Besonders eindrucksvoll sind die Fragmente des großen Stupa von Amaravati mit Reliefs aus dem 2. und 3. Jh. n. Chr. und die einmalige Bronzesammlung der Chola-Periode mit Prunkstücken von Shiva Nataraja (Shiva als kosmischer Tänzer) (Sa bis Do 9.30–17 Uhr, Eintritt 250 Rs, Kamera 200 Rs, Video 500 Rs, www.govtmuseumchennai.org).

In der **Music Academy** finden häufig Veranstaltungen südindischer klassischer Musik und klassischen Tanzes statt. Eine Aufführung sollte man sich auf keinen Fall entgehen lassen. (T. K. Road, Tel. 044/28 11 51 62, www.musicacademymadras.in).

CHENNAIS SÜDEN (MYLAPORE)

Bis ins 20. Jh. waren diese Stadtteile eigenständige, uralte Häfen. Der griechische Geograf Ptolemäus berichtete schon im 2. Jh. n Chr. von

Der Hauptbahnhof von Chennai

»Malliarphi«. Mylapore beherbergt die **St. Thomas Cathedral,** für Katholiken die wichtigste Pilgerstätte Indiens. Den apokryphen Thomasakten aus dem 3. Jh. zufolge hat der Apostel Thomas in Indien missioniert, und die Legende besagt, dass er hier den Märtyrertod gestorben ist. In der neu gestalteten Krypta ist das Grab, nach dem heutigen Geschmack gestylt, zu sehen. Ringsum gibt es viele Klöster und Ordensschulen. Gleich nebenan steht der **Kapaleshwar-Tempel** mit seinen typisch tamilischen bunten Tortürmen. Der Tempel wurde einst von Kaufleuten erbaut, seine heutige Form erhielt er im 18. Jh. Er ist Shiva als Bettelasket (Kapaleshvara = Herr der aus einem Menschenschädel gemachten Bettelschale), geweiht. Diese Form von Shiva wächst über Tod und Leben hinaus, die Menschenschädel zeigen das an. Rings um den Tempel (tgl. 4–12 und 16–20 Uhr) finden sich viele Geschäfte mit Devotionalien.

INFO

Indiatourism

- 145 Anna Salai (Mount Road)
  Chennai
  Tel. 044/28 21 17 82
  www.tamilnadutourism.org

HOTELS

Taj Coromandel €€€

5-Sterne-Luxus in einem Haus der Leading Hotels of the World.

- 37 Mahatma Gandhi Road | Chennai
  Tel. 044/28 00 28 27
  www.tajhotels.com

Taj Connemara Hotel €€€

Hübsch, zentral, mit schönem Garten. Das Gebäude stammt noch aus der Kolonialzeit und hat deswegen etwas mehr Charme als die anderen.

- Binny Rd. | Chennai
  Tel. 044/66 00 00 00
  www.tajhotels.com

Ambassador Pallava €€–€€€

Mittelgroßes Hotel etwas nördlich der Hauptsehenswürdigkeiten, zweckmäßige, hübsche Zimmer.

- 30 Montieth Rd.
  Chennai
  Egmore | Tel. 044 2855 4476
  www.ambassadorindia.com

RESTAURANTS

Dakshin Restaurant €€

Herrliches südindisches Essen aus den unterschiedlichen Regionen, darunter in Kräutern mariniertes Seafood. Die Gerichte sind nach Bundesstaaten geordnet. Abends Musikunterhaltung.

- Crowne Plaza Hotel
  132 TTK Road | Chennai
  Tel. 044/24 99 41 01

Rain Tree €€

Berühmtes Gartenrestaurant mit scharfer südindischer Chettinad-Küche, ab 20 Uhr Tanzvorführungen.

- im Hotel Taj Connemara (> **links**)
  Chennai | Tel. 044/66 00 00 00

Saravana Bhavan €

Beste vegetarische Küche, einfach, schnell und preiswert.

- 1 Spencer Plaza, 2nd Floor
  Anna Salai (Mount Road) | Chennai
  Tel. 044/28 49 55 77

SHOPPING

Basare in Georgetown

Wer indische Märkte mag, ist hier richtig, vielleicht eher zum Schlendern als zum Kaufen.

Cottage Industries Emporium

Alles, was die Handwerkskunst zu bieten hat, gibt es hier: handgewebte Textilien, Teppiche, Bronzen, Schmuck.

- 772 Temple Towers
  Anna Salai (Mount Road) | Chennai
  Tel. 044/24 33 02 26
  www.cottageemporium.in

Spencer Plaza

Auf Chennais größte Shopping Mall sind die Einheimischen sehr stolz. Hier stand das erste koloniale Kaufhaus Indiens, das leider abgebrannt ist. Im Angebot ist alles Vorstellbare.

- Anna Salai (Mount Road) | Chennai

MAHABALIPURAM (MAMALLAPURAM) 2 ★ C5

Hier war der wichtigste Hafen der frühmittelalterlichen Dynastie der Pallavas. Von hier breitete sich die indische Kultur nach Südostasien (Java, Kambodscha) aus. Neben den Höhlentempeln sind in Mahabalipuram auch die ältesten freistehenden, aus dem Fels gehauen Steintempel zu sehen. Der Tempelbezirk ist UNESCO-Weltkulturerbe.

Die **Fünf Rathas** (Himmlische Wagen) aus dem 7. Jh. sind einmalig in ganz Indien. Nach dem Vorbild von Holztempeln wurden sie aus einem großen Granitfelsen herausgehauen. Die hier entwickelten Formen wurden zum Prototyp aller späteren südindischen Tempelarchitektur.

Eine weitere Sehenswürdigkeit ist das größte Flachrelief der Erde: **Arjunas Buße** (7. Jh.). Die 27,4 m mal 9,1 m große lebendige Darstellung auf einer Felswand erzählt von dem Asketen Bhagirata, der Shiva darum bittet, den himmlischen Fluss Ganga (Ganges) auf die Erde zu senden. Die Ganga wird durch den Spalt in der Mitte symbolisiert, durch den mit Hilfe eines Tanks an bestimmten Tagen Wasser geleitet wurde.

Außergewöhnlich sind auch die umliegenden künstlichen Höhlen und der fünfstöckige, 20 m hohe **Küstentempel**, der dem Gott Shiva geweiht ist (8. Jh.).

HOTELS

Radisson Temple Bay Resort Mamallapuram €€€

Weitläufiges Strandhotel mit allem Komfort und Blick auf den Küstentempel. Riesiger Pool, Ayurvedazentrum.

- 57 Kovalam Road | Mahabalipuram
  Tel. 044/44 27 44 36 36
  www.radissonblu.com/en/hotel-mamallapuram

Die Fünf Rathas in Mahabalipuram

Ideal Beach Resort €€
Weiträumige Anlage am Strand unweit des Küstentempels. Wellnessangebot.
- Mahabalipuram | Tel. 044/27 44 22 40 www.idealresort.com

SHOPPING

Zahllose Steinmetze stellen zwischen den Tempeln hauptsächlich Götterbilder aus dem schwer zu bearbeitenden Granit her. Man kann ihnen bei der Arbeit zuschauen und ein handlicheres Stück auch erwerben.

KANCHIPURAM 3 ★ C5

Die ehemalige Hauptstadt des ersten großen südindischen Reiches der Pallavas ist bis heute eine wichtige heilige Stätte. Einige Tempel aus dem 6. bis 8. Jh. sind erhalten, viele sind allerdings immer wieder überbaut worden, so dass die meisten heute im typischen Nayaka-Stil erscheinen.

Der Tempel **Kailashanatha** (7./8. Jh.) gehört als einer der ältesten, weitgehend unveränderten Tempel zu den großen Kunstschätzen des Landes. Das Shiva-Heiligtum ist von einer Mauer umgeben, auf der Nandibullen ruhen. Um den Hauptschrein mit dem Tempelturm sind 54 Nischen mit Götterbildern angeordnet. Besonders beeindruckend sind die zahlreichen fein gemeißelten Figuren an der Fassade.

Vishnu geweiht ist **Vaikunthata Perumal** (7. Jh.). Der Sandstein ist leicht verwittert, dennoch ist der reiche Skulpturenschmuck gut erkennbar. Der größte Tempel ist **Varadaraja Perumal.** Er wurde im 12. Jh. gegründet und im 16. Jh. erweitert. Die 30 bis 40 m hohen Gopurams überragen den eigentlichen Tempelturm. Das Vishnu-Heiligtum darf nicht betreten werden, sehenswert ist aber die Hundert-Säulen-Halle im ersten Hof.

Wahrzeichen der Stadt ist der mit 54 m höchste Gopuram des **Ekambareshwara.** Im Inneren des Shiva-Tempels aus dem 16. Jh. steht ein uralter Mangobaum, dem man segnende Kräfte zuschreibt.

MADURAI UND UMGEBUNG

Das Land um den Fluss Kaveri mit seinen Nebenarmen bildet die Reiskammer Tamil Nadus, ist uraltes Kulturland und Heimat der ältesten Städte. Viele der Reisfelder hier werden schon seit über 2000 Jahren beackert! Bis heute ist die Region dicht besiedelt, alte Händlerfamilien wurden die Unternehmer der neuen Industrien. Im Mittelalter war hier das Kernland der mächtigen Chola-Dynastie, die großartige Tempel errichten ließ.

Nach dem Untergang der Cholas wurde dies eine wichtige Provinz des Reiches Vijayanagara, die hier Gouverneure, Nayakas, einsetzten. Diese Nayakas sind für das heutige Aussehen der typischen Tempelstädte verantwortlich, die unter ihrer Ägide zwischen dem 16. und dem 18. Jh. errichtet wurden. Im 19. Jh. wurden die Nayakas und Kleinkönige von den Briten entweder entmachtet oder schwer zur Kasse gebeten. Damit hörten die Stiftungen weitgehend auf.

MADURAI 4 C6

Schon vor über 2000 Jahren war die Stadt ein kulturelles Zentrum. Ihr heutiges Gesicht bekam sie im 16. und 17. Jh. unter den Nayakas, als hier der perfekte Prototyp einer tamilischen Tempelstadt entstand.

Die Altstadt mit ihren zahllosen Läden und der **Minakshi-Tempel** ★ sind quasi eins. Leider ist es schwer, einen Überblick zu gewinnen. Am besten, man besteigt das Dach eines der Souvenirläden auf der Nordseite des dritten Mauerringes. Von dort kann man die Anlage mit den riesigen bunten Tortürmen einigermaßen erfassen.

Die Göttin Minakshi wird die »Fischäugige« genannt, weil Fische der Legende nach ihre Brut durch Ansehen zum Leben erwecken. Sie ist also die »zum Leben Erweckende«. Ursprünglich eine rein lokale Göttin, wurde sie als Shivas Gattin in die hinduistische Götterwelt integriert. Darum gibt es hier einen Doppeltempel. Jeden Abend um ca. 21.30 Uhr kommt Shiva in einer Prozession aus seinem Tempel (rechts), um zu Minakshi (links) herübergetragen zu werden – ein Tribut an die älteren Rechte der Göttin. Die Gebäude sind künstlerisch vielleicht nicht ganz so perfekt wie die Chola-Bauten, aber sehr eindrucksvoll. Besonders interessant sind der Vorraum vor dem Shivatempel und die Tausend-Pfeiler-Halle, der frühere Fest- und Audienzsaal. Am schönsten ist es, sich unter die Gläubigen zu mischen und einen Blick auf ihr Tun zu erhaschen (tgl. 4 bis 12.30, 16–22 Uhr; Video verboten). › mehr S. 17 Punkt 33 Interessant ist

WAS IST EINE TEMPELSTADT?

Ob Madurai, Srirangam oder Kanchipuram – nur in Tamil Nadu gibt es Tempelstädte, hier jedoch gleich Dutzende. Entstanden sind sie unter der Herrschaft der Nayaka-Gouverneure im 16. bis 18. Jh. Es ist noch weitgehend unbekannt, was jene zu diesem gewaltigen Städteumbauprojekt bewogen hat. Ein gewisses Maß an Konkurrenzdenken kann man wohl vermuten. Idealerweise besteht eine solche Stadt aus einem Heiligtum, das von sieben oder mehr rechteckigen konzentrischen Mauer-»Ringen« umgeben ist. Die äußeren sind bewohnt, Stadt und Heiligtum gehen so ineinander über. Zwei Achsen laufen längs und quer durch die Anlage, jedes Tor ist von einem Torturm, einem Gopuram, bekrönt. Oft sind die äußeren Türme größer als die inneren, da die Stifter der äußeren die älteren zu übertreffen versuchten. In den inneren Ringen finden sich enorme Hallen, die als Versammlungs- und Audienzhallen, als Aufbewahrungsorte für Prozessionswagen und Küchen dienen. Sie zeigen, dass der Tempelkult damals sehr kompliziert geworden war. Bis heute haben die Tempel Tamil Nadus die vielfältigsten Rituale und Festkalender. Durch komplexe, sich überschneidende Pilgerrouten sind die heiligen Stätten überdies miteinander verwoben.

auch der **Nayaka-Palast** in der Altstadt (tgl. 9–17 Uhr, Light & Sound-Show 18.30 Uhr).

HOTELS

The Gateway Hotel €€€
Heritage Grand Hotel, 5 km außerhalb, nach Renovierung jetzt im internationalen Hotel-Schick. Schöner großer Garten.
- Pasumalai Hill | Madurai
  Tel. 0452/6 63 30 00
  www.thegatewayhotels.com

GRT Regency Madurai €€
Bei deutschen Gruppen beliebtes Stadthotel.
- 33 Madakkulam Rd. | Madurai
  Tel. 0452/2 37 11 55
  www.grthotels.com/madurai

Courtyard by Marriott €€
Gutes Mittelklassehotel in Stadtnähe. Man kann mit der Rikscha zum Tempel fahren. Gutes Essen.
- Alagar Koil Rd. | Madurai
  Tel. 0452/4 24 45 55
  www.marriott.com

AIYANARS

An der Peripherie der Dörfer Tamil Nadus, mitten in den Feldern, tauchen plötzlich riesige Tonfiguren hoch zu Ross auf: Aiyanars, die Dorfgötter der Tamilen. Bunt bemalt, mit furchterregenden Gesichtern, schützen sie Mensch und Tier vor Krankheit und Seuchen, die Felder vor Missernten. Nachts reiten sie über Felder und durch Dörfer und bekämpfen Dämonen mit ihren magischen Kräften und Waffen, so der verbreitete Volksglaube in Tamil Nadu.

RESTAURANTS

In Madurai sind zumeist die Hotelrestaurants zu empfehlen.

TIRUCHIRAPALLI (TRICHY) UND SRIRANGAM 5 C6

Die Festungsstadt **Tiruchirapalli** (1 Mio. Einw.) am Südufer des heiligen Flusses Kaveri wird kurz Trichy genannt. Um die Felsenfestung Rock Fort gruppiert sich die Altstadt. Den Berg darf man nur barfuß besteigen (430 Steinstufen). Vom Ganeshatempel ganz oben lohnt der Blick hinüber zur Tempelstadt Srirangam.

Religiös und kulturell ist **Srirangam** ★, der größte Vishnu-Tempel Indiens und das Zentrum des berühmten Philosophen Ramanuja, bedeutender. Er liegt auf einer der Inseln im Kaveri. Srirangam ist ein perfektes Beispiel für eine Tempelstadt mit sieben Umfassungsmauern und 21 Tortürmen. Am vierten Mauerring muss man seine Schuhe ausziehen. Vom Dach kann man einen guten Überblick gewinnen (Tickets am dritten Tor). Besonders schön ist die sogenannte Pferdehalle im vierten Mauerring, eine Audienzhalle, deren monolithische Pfeiler mit sich aufbäumenden Pferden geschmückt sind.

Außerdem gibt es ein kleines, unscheinbares Museum, das aber eine erstaunlich gute Sammlung von Elfenbeinschnitzereien und alten Stifterinschriften auf Kupfertafeln besitzt (tgl. 6.15–12 und 15.15 bis 18.45 Uhr).

Von Tiruchirapalli kommend, gelangt man kurz vor dem Tempel zum sogenannten **Ganeshamandapa**. Morgens kommen zahlreiche Pilger hierher, um im Fluss zu baden und unter freiem Himmel ein Feueropfer für die Ahnen durchzuführen. Dazu mieten sie einen Priester, der auf dem Boden einen gereinigten rituellen Bezirk abgrenzt und mit ihnen das Opfer vollzieht. Bitte nicht auf diese sakralen Bezirke treten!

HOTEL

Sangam €€

Renoviertes kleineres Stadthotel mit guter Küche.

- Collectors Office Rd. | Trichy
  Tel. 0431/4 24 45 55
  www.hotelsangam.com

THANJAVUR (TANJORE) 6 C6

Inmitten der fruchtbaren Reislandschaft, 55 km östlich von Tiruchirapalli, liegt die alte Hauptstadt der zwischen dem 10. und 14. Jh. mächtigsten Dynastie des Südens, der Cholas. In ihrer Zeit wuchsen die Tempel von der bescheidenen Größe der Pallavas zu wahren Staatstempeln. Der größte ist 64 m hoch, eine für damalige Verhältnisse enorme Ingenieursleistung.

Im 16. Jh. stationierten die Herrscher von Vijayanagar hier einen Nayaka-Gouverneur, der dann von Eroberern aus Zentralindien vertrieben und durch einen der ihren ersetzt wurde. Der **Palast des Gouverneurs** ist zu besichtigen und bringt ein wenig nördliches Flair nach Süden. Besonders schön ist die ausgestellte Sammlung von Chola-Bronzen.

Brihadishvara-Tempel von Thanjavur

Eine riesige Mauer umschließt den **Brihadishvara-Tempel** ★ aus dem 10./11. Jh. (UNESCO-Weltkulturerbe) mit seinem gewaltigen, 64 m hohen Tempelturm. Vor dem Tempel sitzt ein riesiger schwarzer Nandi (Reittier des Gottes Shiva), der allerdings aus der Nayakazeit stammt. Das Original steht links in der Galerie. Um den Tempel laufen Hunderte von Stifterinschriften, die erzählen, wie der Betrieb des Tempels mithilfe von Stiftungen finanziert wurde. Am eigentlichen Tempelturm überwiegen Shiva-Darstellungen. Im Allerheiligsten befindet sich ein riesiges Lingam, ausnahmsweise darf man als Nicht-Hindu hier so weit vordringen. Ab ca. 16.30 Uhr kommt der Tempelelefant, um die Gläubigen zu segnen. › mehr S. 17 Punkt 30

HOTELS

Hotel Parisutham €€
Gutes Mittelklassehotel mit Pool und Garten; von hier aus können Sie zu Fuß in die Stadt gehen.
- 55 G. A. Canal Rd. | Thanjavur
  Tel. 04362/23 18 01
  www.hotelparisutham.com

Hotel Sangam €€
Mittelklassehotel mit Pool, Blick auf den Brihadishvara-Tempel.
- Trichy Rd. | Thanjavur
  Tel. 04362/239451
  www.hotelsangam.com

UNTERWEGS IN KERALA

Kerala hat ein ganz besonderes Flair. Ein schmaler Streifen Küstenland und die Kardamomberge östlich davon sind üppig grün, weil es sehr feucht und immer warm ist. Von hier stammten Kaffee und Tee und die sagenhaften Gewürzladungen, die in Europa im Mittelalter z. T. mit Gold aufgewogen wurden. Schon seit über 2000 Jahren floriert der Handel in Kerala, und neben einheimischen Kaufleuten profitierten Araber, Juden und Chinesen, später Portugiesen, Holländer und Engländer davon. Ein wichtiges Element kam aus dem Vorderen Orient: Kerala hat die ältesten christlichen Gemeinden Indiens, historisch belegt seit dem 3. Jh.

Einnahmen aus dem Handel begünstigten die Existenz vieler Kleinkönigreiche, in denen die »Syrischen Christen« die Position einer Händlerkaste einnahmen.

Im 18. Jh. schwang sich der Raja von Travancore zum stärksten Herren auf. Auf seine Initiative geht die Kanalisierung der Sümpfe der Backwaters und der Beginn der guten Bildungssituation in Kerala zurück, bis heute ein wichtiger Wirtschaftsfaktor. Keine andere Region Indiens sendet so viele arbeitswillige Menschen in die Welt, in die Golfstaaten, als Krankenschwestern nach Amerika, als Ayurveda-Masseure überall hin. Schicke Villen zeugen vom in Übersee erworbenen Wohlstand.

Die großen chinesischen Fischernetze im Hafen von Kochi erinnern daran, dass in früheren Zeiten reger Austausch mit China gepflegt wurde

KOCHI (COCHIN)

7 ★ B6

Begünstigt durch den natürlichen Hafen in der Mündung des Flusses Periyar, geschützt von mehreren Inseln, profitierte die Stadt früh vom Handel mit dem Ausland. Auch heute noch ist Kochi ein wichtiger Hafen und beliebter Wohnort der Geschäftsleute von Kerala. Schicke Einkaufsmalls und hohe Apartmenthäuser zeugen davon.

Genau genommen heißt nur das Fort am Eingang zum Hafen Kochi bzw. Cochin. Südlich davon schließt sich die »Stadt der Eingeborenen« an, hier Jew Town genannt. In diesem überschaubaren Areal befindet sich die eigentliche Altstadt, heute auf angenehme Weise touristisch erschlossen. Fort und Altstadt kann man zu Fuß besichtigen, oder man nimmt das Bootstaxi vom Fort-Anleger nach Mattanchery. Eine Bootsfahrt zwischen den Inseln, besonders am späten Nachmittag, ist ein unvergessliches Erlebnis. An der Main Jetty im Stadtteil Ernakulam kann man Boote mieten.

In Fort Kochi stehen die interessanten **chinesischen Fischernetze,** die je nach Ebbe und Flut täglich gesenkt werden. > mehr S. 17 Punkt 28

Einige schöne Häuser aus holländischer Zeit und die **St. Francis Church** zeugen von der kolonialen Vergangenheit. Als die Portugiesen 1498 nach Indien kamen, fanden sie

Kathakali-Tänzer

hier Syrische Christen vor, deren Kirchen wie hinduistische Tempel gebaut waren. Dem setzten die Portugiesen eine katholische Kirche nach europäischem Muster entgegen. Vasco da Gama, der »Entdecker« Indiens, lag hier begraben, bevor seine Gebeine nach Lissabon überführt wurden. Sein Grabstein ist noch zu sehen.

In der Altstadt, der Jew Town, lebten der König und die »nichtweißen« Händler. Hier waren Werkstätten, Lagerhallen und die Pfefferbörse (man kann es noch riechen).

Der Kleinkönig bewohnte den bescheidenen **Mattanchery-Palast**. Im typischen Kerala-Stil in Holz gebaut, beherbergt er außergewöhnlich schöne Wandmalereien mit Themen aus den hinduistischen Epen. › **mehr S. 17 Punkt 27** Eine neu gestaltete Ausstellung bringt auf anschauliche Weise das Leben der Königsfamilie vor der Unabhängigkeit nahe (Sa–Do 10–17 Uhr).

Nebenan befindet sich die **Synagoge** von 1568 – die Existenz einer jüdischen Gemeinde in Kochi ist seit dem Jahr 1000 schriftlich belegt. Im 19. Jh. waren es 144 Familien, heute gehören nur noch wenige Personen zur Gemeinde. Ein Verein, »Freunde der Synagoge«, kümmert sich um den Erhalt. Der größte Schatz sind die chinesischen Porzellanfliesen aus Kanton aus dem 17. Jh auf dem Boden. Ihretwegen muss man auch die Schuhe ausziehen (So–Do 10–13, 15–17, Fr 10–13 Uhr).

Kein Besuch von Kochi ohne eine Kathakali-Aufführung! Ausgezeichnet sind die Darbietungen im **Kerala Kathakali Centre** (nahe Santa Cruz Basilica, K. B. Jacob Road, Fort Kochi, Tel 0484/ 2 21 75 52). Zu Beginn kann man beim Schminken zusehen und sich in Mimik und Gestik einführen lassen. Dann folgt die Aufführung einer Szene aus dem Mahabharata oder Ramayana. › **mehr S. 15 Punkt 19**

INFO

Indiatourism

Infoschalter auch am Flughafen

- Willingdon Island | Kochi
  Tel. 0484/2 66 91 25
  www.keralatourism.org

HOTELS

Casino Hotel €€€

Gutes Hotel mit dem besten Seafood-Restaurant der Stadt.

- Willingdon Island | Kochi
  Tel. 0484/3 01 17 11
  www.cghearth.com/casino-hotel

The Malabar House €€€
Geschmackvolles, sehr edles intimes Kleinhotel mit 17 Zimmern und Suiten. Abends im Patio Livemusik.

- 1/268 Parade Road
  Fort Cochin | Kochi
  0484/2 21 66 66
  www.malabarhouse.com

Taj Malabar €€€
Traditionshotel in schöner Lage am Hafen. Super-Barbecue auf der Terrasse.

- Willingdon Island | Kochi
  Tel. 0484/6 64 30 00
  www.tajhotels.com

Fort House Hotel €€
Nettes kleines Mittelklassehotel im Kerala-Stil direkt am Hafen mit hübschem Garten und Restaurant.

- 2/6A Calvathy Road | Kochi
  Tel. 0484/2 21 71 03
  www.hotelforthouse.com

RESTAURANTS

Restaurant im Fort House Hotel €€
Kerala-Küche in Bestform, sehr kokosnusshaltig. Die Reispfannkuchen (Appam) sollte man unbedingt zusammen mit einem Curry probieren.

- > **oben**, Hotels

Sri Krishna Cafe €
Vegetarisches Restaurant mit sehr guter südindischer Küche. Spezialitäten sind die

KATHAKALI – TANZDRAMA AUS KERALA

Gemessen ist dieser Tanzstil. Es kommt auf die Hände und geschminkten Gesichter der Tänzer an. Grün ist die Gesichtsfarbe von Götter- und Heldenfiguren, rote Muster auf grünem oder schwarzem Grund symbolisieren menschlich-leidenschaftliche Gestalten, schwarz und grimmig sehen die Dämonen aus. Weiße Bärte aus Reispaste unterstreichen die Würde guter Charaktere. Begnadete Pantomimen schweben in weiten Reifröcken über die Bühne, drücken den dramatischen Ablauf des Spiels mittels Mimik, Gestik und Körperbewegung aus.

Kathakali wird nur von Männern aufgeführt. Die durchschnittliche Ausbildung dauert acht Jahre, erst dann vermag der Tänzer seinen Körper vollendet zu beherrschen, wortlos Szenen aus den Epen ausdrücken. Augen, Brauen und Lider, Nasenflügel, Lippen, Backen und Mund werden eingesetzt, spiegeln Emotionen wider: Hass, Liebe, Eifersucht oder Angst. Allein 36 Abwandlungen des Blicks sind bekannt, untermalt von sieben Variationen, die Augenbrauen zu bewegen. Mit Gesten werden Tiere, Blumen, das Meer, die Sonne angedeutet. Die Handbewegungen werden von 108 Körperhaltungen ergänzt. Die Körpersprache mit über 400 verschiedenen Ausdrucksmöglichkeiten sowie der pointierte Einsatz ohrenbetäubender Trommelklänge lassen den Zuschauer – nach vorheriger Einführung – nicht im Zweifel darüber, was auf der Bühne passiert.

Dosas und Uttapams (kräftige Pfannkuchen), die in den verschiedensten Geschmacksrichtungen angeboten werden.

- Palace Road
  Mattanchery | Kochi
  Tel. 0484/2 22 46 10

Am **Fischmarkt** bei den chinesischen Fischernetzen in der Nähe von Fort Kochi gibt es Essensstände, an denen man sich frischen Fisch, Garnelen etc. aussuchen und dann direkt zubereiten lassen kann (»You buy, we cook«). Die Rezepte sind einfach, die Gerichte aber köstlich. Preislich ausgesprochen günstig. > **mehr S. 14 Punkt 14**

SHOPPING

Für die Ladenstraße zwischen dem Mattanchery-Palast und der Synagoge sollte man sich genügend Zeit nehmen. Hier gibt es Buchläden, günstige Kleidung, echte und nachgemachte Antiquitäten und vieles mehr. Einer der wenigen Orte in Indien, an denen man nach Herzenslust stöbern kann.

BACKWATERS 10 B6

Zwischen Kochi und Quilon (Kollam) im Süden Keralas dehnt sich ein System von Seen, Lagunen und Kanälen aus, das im 19. Jh. als Landgewinnungsmaßnahme vom König von Travancore in Auftrag gegeben wurde. Platz an der Küste war immer rar, der Küstenstreifen sumpfig und unzugänglich. So fanden die meisten Transporte auf dem Wasser statt, und viele Bewohner haben nur per Boot Zugang zu ihrer Umgebung. Eine einmalige Landschaft: grüne Reisfelder, Palmenhaine, freundliche Dörfer. Kein Wunder, dass seit etwa einem Jahrzehnt der Tourismus darauf aufmerksam geworden ist.

Die besten Ausgangspunkte sind **Alleppey** (Allapuzha) 8 B6 und **Kumarakom** am Vembanad-See. Dort kann man Boote mieten. Mittlerweile gibt es dort auch Hotels und Geschäfte für Touristen. Von

AYURVEDA

Ayurveda bedeutet »Wissen vom Leben« und ist eine ganzheitliche Heilmethode mit langer Tradition. Sie fußt darauf, dass Gesundheit der natürliche Zustand des Menschen ist. In einem Kranken ist das richtige Verhältnis der Elemente *(gunas)* durcheinandergekommen und muss wieder ins Gleichgewicht gebracht werden.

Die ayurvedische Medizin setzt dabei nicht nur auf Medikamente aus Kräutern und Mineralien, sondern auch auf ausgeglichene Ernährung, Lebensführung, Körperübungen (Yoga) und Massage. Bei uns ist Ayurveda zu einem wichtigen Teil der Wellnessbewegung geworden. In Kerala kann man in fast allen Hotels zumindest die Massage ausprobieren. Für Ernsthafte werden Ayurveda-Kuren angeboten, für die man sich allerdings mindestens eine Woche lang dem strengen Regiment der Ärzte beugen muss, sonst stellt sich kein Effekt ein.

Neben dem Tourismus spielt die Landwirtschaft in den Backwaters eine große Rolle

Alleppey nach Kumarakom dauert die Fahrt ungefähr drei Stunden, von Alleppey nach Quilon (Kollam) ca. acht. Man kann auch Rundtouren machen. › mehr S. 13 Punkt 9

Die edelste Art zu reisen ist im Reisboot (buchbar in guten Hotels). Ursprünglich zum Transport von Waren gebaut, werden Reisboote jetzt fast nur noch im Touristenverkehr eingesetzt. Einige sind zu komfortablen Hotels mit zwei Zimmern, Duschen und Klimaanlagen ausgebaut. Während die Crew navigiert und kocht, kann man sich geruhsam einen, zwei oder mehr Tage durch die Gegend schippern lassen.

HOTELS

Viele Hotels in Kumarakom versprechen einen erholsamen Aufenthalt. Sie vermieten auch Hausboote und bieten ayurvedische Behandlungen an.

Coconut Lagoon €€€

Wunderbarer Ort, um die Backwaters zu erleben. Von der Jetty in Kumarakom muss man mit dem Boot fahren. Gute Küche, Spaziergänge ins Dorf, Schmetterlingsgarten, Bootsfahrten zum Sonnenuntergang, kein Fernseher (!).

- Kumarakom
  Tel. 0484/4 26 17 11
  www.cghearth.com/coconut-lagoon

Kumarakom Lake Resort €€€

Auch sehr edel und entspannend. Mit ayurvedischem Zentrum.

- Kumarakom North Post
  Kottayam
  Tel. 0481/2 52 49 00
  www.kumarakomlakeresort.in

Der Königspalast in Mysore ist ein architektonisches Unikum

NATIONALPARK PERIYAR

9 ★ C6

Periyar liegt zwischen Kochi und Madurai unweit der Stadt Thekkady. Unvergesslich ist die Anreise von Kochi durch die Kardamomberge mit ihren Teeplantagen und Gewürzgärten. Nahe Periyar gibt es etliche Gewürzgärten, in denen man gegen eine geringe Gebühr schnuppern kann.

Den Kern des 770 km² großen Nationalparks bildet ein 1895 angelegter Stausee. Verschiedene Vegetationszonen und eine ungewöhnliche Vielfalt von Säugetieren und Vögeln verleihen dem Park besonderen Rang. Hier leben ca. 800 wilde Elefanten, 45 Tiger und eine große Anzahl an indischen Wildrindern (Gaur), Sambhar-Hirschen, Bellhirschen, Wildschweinen usw.

In Indien ist die Aufrechterhaltung eines Parks äußerst schwierig, gerade in Kerala, wo sich 819 Einwohner einen Quadratkilometer teilen müssen. Deswegen kann man die strengen Auflagen nur begrüßen. Zugang gibt es nur zu Fuß mit Führer oder per Boot auf dem Stausee. Der fast 2-stündige Bootsausflug (16–18 Uhr, rechtzeitig da sein!) ist zu empfehlen; an Wochenenden und Feiertagen herrscht großer Andrang (Infos zu Safaris etc.: Tel. 04869/20 02 10, www.periyartigertrail.in. > mehr S. 12 Punkt 3

HOTELS

Cardamon County Resort €€€

In großem Garten am Hang gelegene Bungalows, gutes Restaurant, Wellnessangebot.

- Thekkady, nahe Parkeingang
  Tel. 0484/4 04 22 88
  www.cardamomcounty.in

Spice Village €€€
Besonders umweltfreundliches Bungalowhotel im lehrreichen Gewürzgarten (alle Gewürzpflanzen sind beschriftet).

- Kumily Rd.
  Thekkady
  Tel. 0484/4 26 17 11
  www.cghearth.com/spice-village

Aranya Nivas €€
Gepflegtes staatliches Hotel nahe der Bootsanlegestelle am See.

- Idukki | Thekkady
  Tel. 0486/9 22 27 79
  www.aranyanivasthekkady.com

Das **Lake Palace** (€€€) ist eine Dependance des Aranya Nivas mit nur sechs Zimmern, auf einer Halbinsel mitten im See gelegen. Man fährt mit dem Boot, alle Mahlzeiten sind enthalten.

UNTERWEGS IN KARNATAKA

Zwar ist für Inder die 8,5-Millionen-Metropole **Bangalore** (Bengaluru) C5 als wirtschaftlicher Motor und Symbol des High Tech-Booms die wichtigste Stadt Karnatakas, aber dem Reisenden hat sie nicht viel zu bieten. Besser man hält sich dort nicht lange auf, sondern begibt sich gleich nach Mysore. Von hier aus kann man den südlichen Teil dieses angenehmen Landes gut erschließen.

MYSORE (MAISURU) 10 B5

In der Millionenstadt mit stattlichen Palästen sind uralte Traditionen lebendig. Der Name Maisuru geht auf ein mythologisches Ereignis zurück. Hier soll die Göttin Durga den Dämon Mahishasura, von dem sich der Name Maisuru ableitet, getötet haben.

DURGA UND DIE MAHARAJAS

Während des jährlichen Durga- oder Dussehra-Festes (Okt./Nov.) erstrahlt Mysore im märchenhaften Glanz, der Maharajapalast wird von Tausenden Lichtern illuminiert. Früher identifizierte sich der König in dieser Zeit mit der kriegerischen Göttin, um sich mit Siegeskraft aufzuladen, bevor die Kriegssaison begann.

Am zehnten Tag wird der Sieg der Göttin über den Dämon Mahishasura gefeiert. Prunkvoll geschmückte Elefanten, Staatskarossen und Truppen in historischen Uniformen führen die Prozession an. An der Spitze des Festzugs ist die goldene Sänfte, Symbol für den Maharaja, der früher – als er noch in Amt und Würden war – sich zur Segnung auf den Berg zur Göttin begab.

Heute ist die ehemalige Kapitale eines selbstständigen Fürstentums eine freundliche Stadt, deren Gesicht stark von dem Umbauprojekt des frühen 20. Jhs. geprägt ist.

KÖNIGSPALAST

Nachdem 1897 eine Feuerbrunst den alten Maharajapalast aus Holz zerstört hatte, wurde der britische Architekt Henry Irwin mit dem Neubau beauftragt. 1912 war Amba Vilas, der riesige Palast mit der goldenen Kuppel, fertiggestellt – eine seltene Mischung von indischen und europäischen Stilelementen.

Die Prunkräume sind zugänglich, dürfen jedoch nur ohne Schuhe betreten werden. Es herrscht Fotografierverbot. In der Bildergalerie im Erdgeschoss illustrieren Ölgemälde die Zeit des Königs Krishnaraja und das Dussehra-Fest. Türen aus Silber und Elfenbein, farbige Glasmosaiken, üppige Prunksäle, goldene Sänften und viele andere Kostbarkeiten sind hier zu bewundern. Interessant ist auch das dahinter liegende Privatmuseum des Maharajas (tgl. 10–17.30 Uhr). Sonntags 19–20 Uhr erstrahlen am Palast die Lichterketten.

DEVARAJA FRUIT & VEGETABLE MARKET 11

Der bunte Markt, 10 Fußminuten nordwestlich des Palastes (Sayyaji Rao Rd.), ist v. a. am frühen Morgen ein besonderes Erlebnis, wenn Träger frisches Obst und Gemüse, Yams, Taro, Kokosnüsse und vieles mehr in riesigen Weidenkörben

EIN SÜDINDISCHES REICH

Im 14. Jh. setzte der König von Vijayanagara, dem größten jemals existierenden südindischen Reich, in dieser Region einen Gouverneur ein, der die Stadt Maisuru (Mysore) gründete. Als Vijayanagara 1565 zerstört wurde, machte sich der Gouverneur unabhängig und übernahm von seinen ehemaligen Oberherren das wichtige Dussehra-Fest, das die Unabhängigkeit eines hinduistischen Königs dokumentiert. Der Staat Mysore, ungefähr so groß wie Schottland, existierte bis 1947. 1769 eignete sich ein muslimischer General, Haider Ali, die Macht an, geriet aber mit seinen Expansionsbestrebungen in Konflikt mit den Briten. 1799 schlugen die Briten Haider Alis Sohn und Nachfolger Tipu Sultan und setzten die ursprüngliche Königsfamilie mit sehr reduzierter Macht wieder ein. Anfang des 20. Jhs. ließ der König Palast und Stadt neu bauen, nach sehr britischen Prinzipien mit Kreisverkehren, Schulen, Universität, Parks und dem ersten Kraftwerk. Er beschäftigte britische Architekten und Ingenieure, die jedoch nicht von der Kolonialregierung abhängig und somit auch nicht bereit waren, für die britische Obrigkeit zu spionieren. So passte man sich einerseits an und erhielt sich doch einen kleinen Rest Unabhängigkeit. Nach 1947 schloss sich Mysore der indischen Union als Bundesstaat an; er bildet das Kerngebiet des heutigen Karnataka.

Devaraja Fruit & Vegetable Market in Mysore

herbeischaffen. Gekonnt wird die Ware auf dem Kopf durch die Menschenmenge jongliert. Besonders malerisch ist der Blumenmarkt, wo duftende Jasmin- und Rosenblüten für Tempel und Hochzeiten zu Girlanden aufgefädelt werden.

CHAMUNDI HILL

Der Aussichtsberg mit dem Tempel der Schutzgöttin Chamundi (lokaler Name von Durga), bietet einen guten Blick auf die Stadt. Am westlichen Abhang ist der berühmte, aus einem Felsblock gehauene Bulle Nandi zu sehen.

HOTELS

Lalitha Mahal Palace €€

Ehemaliger Jagdpalast von 1921 in schöner Lage außerhalb der Stadt. Unterschiedlich gute Zimmer – manche entsprechen nicht dem Preisniveau (vorher anschauen!).

- Siddharta Nagar | Mysore
  Tel. 0821/2 52 61 00
  www.lalithamahalpalace.in

Southern Star €€

Modernes Stadthotel in Bahnhofsnähe; gute Küche und großzügige Zimmer.

- 13/14 Vinobha Rd. | Mysore
  Tel. 0821/2 42 64 26
  www.hotelsouthernstar.com

RESTAURANTS

Restaurant im Lalitha Mahal Palace €€€

Das Essen ist gut, das Ambiente grandios, die Preise sind allerdings gesalzen.

- Siddharta Nagar | Mysore
  Tel. 0821/2 52 61 00

RRR Hotel €

Wer essen will wie die Einheimischen, kann das hier tun. Leckere südindische Gerichte (Andhra-Stil) auf dem Bananenblatt, scharf.

- Gandhi Square | Mysore
  Tel. 0821/2 44 19 79

SHOPPING

Cauvery Arts & Crafts Emporium

Handgewebte Seide vom Meter, Seidensaris und (legale) Sandelholzschnitzereien sind die Spezialität von Mysore. Manche der

Schnitzereien sind unglaublich fein, Anschauen lohnt sich. Zivile Preise.
- Sayaji Rd. | Mysore
  www.cauveryhandicrafts.net

AUSFLÜGE VON MYSORE

SOMNATHPUR 11 ★ B5

40 km östlich von Mysore liegt der **Keshava-Tempel**, ein Meisterwerk der Hoysala-Bauhütte des 12. und 13. Jhs. Über dem sternförmigen Grundriss erheben sich drei mit Götterfiguren übersäte Tempeltürme. In den drei Altarnischen werden verschiedene Verkörperungen Vishnus verehrt. Besonders schön sind die gedrechselten Steinsäulen im Inneren und die reich ornamentierte Decke (tgl. 9–17.30 Uhr).

SRIRANGAPATNAM 12 B5

Die **Zitadelle** aus der Zeit von Haidar Ali und Tipu Sultan (18. Jh.) liegt auf einer Insel des Kaveri. Innerhalb der Mauern erheben sich eine Moschee und ein über 800 Jahre alter Vishnu-Tempel.

Unweit davon steht der Sommerpalast von Tipu Sultan, **Daria Daulat**, mit ausdrucksstarken Wandmalereien – Schlachten des Tipu Sultan gegen die Engländer (Sa–Do 9 bis 17 Uhr). 3 km östlich liegt **Gombaz**, das Mausoleum von Tipu Sultan, einer der schönsten Grabbauten Südindiens.

BANDIPUR 13 B6 UND NAGARHOLE 14 B5

Ein Erlebnis für Naturliebhaber sind die Tierreservate von Bandipur bzw. Nagarhole. Die Chance, Elefanten in freier Wildbahn zu erleben, ist hier noch relativ groß – auf 1000 km² leben rund 1500 der grauen Riesen. Am besten, man bleibt eine Nacht.

HOTEL

Kabini River Lodge €€

Einfaches Hotel, hübsch am See gelegen. Alle Mahlzeiten, Jeepsafari, Bootstour auf dem See, Eintritts- und Fototickets sind im Übernachtungspreis inklusive.
- Nagarhole National Park
  Karapur
  Tel. (mobil) 088 84 46 74 67
  www.kabiniriverlodge.com

HOYSALATEMPEL IN BELUR UND HALEBID

Um die zauberhaften Tempel in Belur und Halebid zu besuchen, fährt man von Mysore nach **Hassan** B5 (100 km) oder **Chikmagalur** B5 (150 km). Beide Städte bieten Übernachtungsmöglichkeiten.

Auf beiden Strecken kommt man an einem Bergheiligtum der Jaina vorbei: **Sravanabelgola** mit der größten Monolithstatue der Welt. Nach knapp halbstündigem Aufstieg auf den 161 m hohen Indragiri-Hügel (ohne Schuhe über Steintreppen, die gegen Mittag recht heiß werden!) erreicht man den offenen Tempelhof mit der Kolossalstatue des »luftbekleideten« Jainheiligen Gomateshvara aus dem 10. Jh.

Von Hassan oder Chikmagalur sind es dann jeweils noch ca. 35 km nach Belur und 30 km nach Halebid.

BELUR 15 ★ B5

Der **Chenna Keshava**, Vishnu geweiht, präsentiert eindrucksvoll die Hochblüte der Hoysala-Architektur. 1117 ließ König Vishnuvardhana den Tempel nach seinem Sieg über die Cholas errichten. Eine fast barocke Fülle von Reliefs und Skulpturen, Göttern und Fabelwesen bevölkert die Fassaden. 42 weibliche Gestalten in anmutiger Pose sind unter dem Dachansatz erkennbar. Im Inneren tragen reich verzierte Säulen – keine gleicht der anderen – eine fein bearbeitete Decke.

HALEBID 16 B5

Der im 12./13. Jh. gebaute und Shiva geweihte Doppeltempel **Hoysaleshvara** steht auf einer erhöhten sternförmigen Plattform. Die unvorstellbar prächtigen Verzierungen machen ihn zum schönsten Sakralbau der Hoysalas. Hier erzielte die Bildhauerkunst einen kaum zu übertreffenden Höhepunkt, kaum ein Zentimeter Stein blieb unbearbeitet. Im unteren Teil sind sechs Reliefbänder mit Elefanten und Löwendarstellungen sowie Szenen aus den Epen Mahabharata und Ramayana erkennbar, darüber an die 280 Götterfiguren aus Stein. In den beiden Pavillons gegenüber dem Heiligtum ruhen Nandi-Bullen. Das Freilichtmuseum zeigt Ausgrabungsstücke (Museum Sa–Do 10 bis 17 Uhr).

HOTELS

The Gateway €€

Gepflegtes Resorthotel 20 km nordwestlich von Belur.

- KM Road, gegenüber Pavitravana Jyothinagar Post | Chikmagalur
  Tel. 08262/21 50 00
  www.seleqtionshotels.com

Hassan Ashok €€

Staatliches Touristenhotel an der lauten Hauptstraße, gute Küche.

- Bangalore-Mangalore Rd. | Hassan
  Tel. (mobil) 088 84 45 49 00
  www.hassanashok.com

Am Hoysala-Tempel Chenna Keshava in Belur

KOLKATA UND DER OSTEN

Der Sonnentempel von Konarak im Bundesstaat Odisha an der Ostküste Indiens

Kolkata ist heute eine der intellektuell und künstlerisch lebendigsten Städte Indiens, auch wenn die Armut hier besonders sichtbar wird. Altindische Architektur ist in den Tempelstädten von Odisha zu bewundern.

Überbevölkert und verschmutzt, von Stromausfällen und Streiks geplagt – Kolkata, wie die früher als Kalkutta bekannte Metropole Ostindiens offiziell heißt, ist für Europäer oft schwer verdaulich. Doch hat sich Westbengalens Hauptstadt ein Erbe aus der Zeit bewahrt, als sie die wichtigste Niederlassung der Briten in Indien war: In Kolkata gibt es ein reiches literarisches und politisches Leben; dazu werden Filme produziert, die anspruchsvoller sind als die Seifenopern aus Bollywood.

Kolkata ist auch der Ausgangspunkt für einen Besuch der Tempelstädte von Odisha (ehemals Orissa). Dort erwarten Sie Höhepunkte nordindischer Sakralarchitektur, vor allem in Bhubaneswar und Konarak.

TOUR IN DER REGION

TOUR 7

DIE TEMPEL ODISHAS

ROUTE: Kolkata (Kalkutta) › Bhubaneswar › Konarak › Puri › Raghurajpur

KARTE: Seite 143
DAUER: 4 Tage
PRAKTISCHE HINWEISE:

- Mieten Sie sich in Kolkata für einen halben oder ganzen Tag ein Taxi (vorher den Preis aushandeln).
- Ein Teil der Besichtigung ist auch zu Fuß und mit der Metro zu bewältigen; die meisten Sehenswürdigkeiten liegen nahe den Stationen Esplanade und Maidan. Zum Kalitempel kommt man von der Station Kalighat.
- Nach Bhubaneswar gehen täglich morgens und abends Flüge. Die meisten Tempel liegen in fußläufiger Entfernung in der Altstadt um den Teich Bindu Sagar. Man kann dort auch eine Fahrradrikscha für die »Fünf-Tempel-Tour« mieten.
- Für die Fahrt nach Puri und Konarak braucht man ein Auto mit Fahrer.

TOUR-START:

Nach der Ankunft widmet man sich einen Tag der Stadt **Kolkata** 1 › S. 142, die durchaus einiges zu bieten hat. Das **Victoria Memorial,** der **Maidan** und das **India Museum** nehmen schon mehr als einen hal-

Straßenszene in Kolkata

ben Tag in Anspruch. Mehr Zeit muss man einplanen, wenn man noch den **Kali-Tempel** und den **Botanischen Garten** › S. 144 sehen will. Zum Botanischen Garten sollte man sich ein Taxi nehmen. Tags darauf geht es nach **Bhubaneswar** 2 › S. 145, wo man zwei Tage Station macht. Die Tempel dort kann man großteils zu Fuß besichtigen.

Der nächste Tag ist dem Ausflug zum **Sonnentempel von Konarak** 3 › S. 147 und dem **Jagannath-Tempel von Puri** 4 › S. 147 gewidmet. Wer genügend Zeit hat, kann noch einen Besuch des Künstlerdorfes **Raghurajpur** › S. 147 anschließen. Am folgenden Tag gibt es die Möglichkeit, nach Delhi oder Kolkata zurückzufliegen.

UNTERWEGS IM OSTEN

KOLKATA (KALKUTTA) 1 E3

In der 14-Millionen-Metropole, Hauptstadt von Westbengalen, ist das Elend der Massen augenfälliger als anderswo; auf den Bürgersteigen haben Straßensiedler ihr Dauerquartier.

Kolkata ist die intellektuell lebendigste Stadt Indiens, doch Armut und Reichtum treffen hier knallhart aufeinander. Die weltgrößten Jutefabriken, Indiens Teebörse, Papier- und Automanufakturen sowie die chemische Industrie machen Kolkata zur Wirtschaftsmetropole.

Lange war Kalkutta die Hauptstadt der Engländer in Indien. Eine große Gemeinde von Indern bildete sich heraus, die westlich ausgebildet wurden und in die Dienste der Kolonialregierung traten. Für das kulturelle und politische Leben erwies sich das als äußerst fruchtbar. In Kalkutta entwickelte sich eine bis heute äußerst lebendige Theater- und Literaturszene, hier entstand aber auch der Gedanke der unabhängigen indischen Nation.

Danach ist die Zeit leider nicht freundlich mit der Stadt umgegangen. Durch die Abtrennung Ostbengalens (später: Bangladesh) wurde Kalkutta vom Jute produzierenden Hinterland abgeschnitten, der Hafen verlor an Bedeutung. Schließlich verlegten die Briten ihre Hauptstadt 1911 nach Delhi.

Nach der Unabhängigkeit musste die Stadt Millionen Flüchtlinge aus Ostpakistan aufnehmen, obwohl ihre Lage ohnehin schon prekär war. Kalkutta, im 19. Jh. noch »Stadt der Paläste« genannt, wurde zum Inbegriff für Armut und Dreck. Mittlerweile hat sich vieles zum Besseren gewandelt, aber noch immer lebt ein Drittel der Bevölkerung der Innenstadt in ca. 5000 Slums.

INNENSTADT

Es gibt keinen besseren Ort, um der kolonialen Vergangenheit Indiens nachzuspüren, als Kolkatas Innenstadt. Zentrum an der Ostseite des Flusses Hugli (Hooghly) liegt das alte Fort William (nicht zugänglich) in einer großen Freifläche, dem **Maidan**. Rundum scharen sich die Kolonialbauten, am auffälligsten ist das **Victoria Memorial,** ein grandioser Gedächtnisbau für Queen Victoria, die sich 1876 zur Kaiserin von Indien krönen ließ. Hier gibt es eine schöne Ausstellung zur Kolonialzeit mit wunderbaren alten Bildern (Di-Fr 10-18, Sa/So bis 20 Uhr, 500 Rs, www.victoriamemorial-cal.org).

Ganz in der Nähe stehen die wichtigste anglikanische Kirche Indiens, die **St. Paul's Cathedral** (tgl. 10–18 Uhr), das sehenswerte **Birla Planetarium** (Vorführungen in Englisch 13.30 und 18.30 Uhr; www.mpbirlaplanetarium.org) und der **Nandan-Kinokomplex** mit anspruchsvollem Filmprogramm.

TOUR IM OSTEN

TOUR 7

DIE TEMPEL ODISHAS

Kolkata (Kalkutta) › Bhubaneswar › Konarak › Puri › Raghurajpur

Östlich des Maidan liegt in der Hauptstraße Chowringhee (Jawaharlal Nehru Road) das **India Museum** ★, Indiens größte archäologische Sammlung gibt einen guten Überblick über die Entwicklung der buddhistischen und hinduistischen Kunst (Di–Fr 10–18.30, Sa/So bis 20 Uhr, Eintritt 500 Rs, www.indianmuseumkolkata.org).

Im Nordteil des Maidan steht das 48 m hohe **Ochterlony Monument,** welches zu Ehren eines Kommandeurs der Armee der Ostindienkompanie aufgestellt wurde. Es ist heute so etwas wie ein Wahrzeichen der Stadt. Traditionell ist dies der Startpunkt der zahlreichen Streiks und Demonstrationen.

Das administrative Zentrum der kolonialen Stadt lag am BBD-Bagh. Dort steht das gigantische **Writers' Building.** An der Stelle des heutigen General Post Office stand das ursprüngliche, heiß umkämpfte Fort William. Messingplatten weisen darauf hin. Unbedingt sehenswert ist das **Marble Palace Museum** (46 Muktaram Babu St.) aus dem Jahr 1835, die Residenz einer Familie, die durch die Engländer reich geworden ist. Für eine Besichtigung muss man sich 24 Stunden vorher eine Erlaubnis beim Tourist Office (BBD-Bagh Ost) holen (Mo, Do geschl.).

IM SÜDEN DER STADT

In der südlichen Stadt liegt der **Kali-Tempel,** der Schutzgöttin von Kolkata geweiht. Der Tempel ist von 1809, baulich nicht allzu interssant, aber sehr belebt.

Westlich des Flusses Hugli liegt der schöne **Botanische Garten** mit einem riesigen Banyanbaum (Würgefeige) als Attraktion (tgl. von Sonnenauf- bis Sonnenuntergang).

HOTELS

The Oberoi Grand €€€
Kolonialzeitliches First-Class-Hotel nahe dem Museum. Ursprung der Oberoi-Hotelkette.
- 15 Jawaharlal Nehru Rd. Kolkata | Tel. 033/22 49 23 23 www.oberoihotels.com

The Park €€€
Moderner Stil direkt am Maidan, nicht ganz billig, man kann auch eine Jacht mieten. Mehrere angesagte Bars und Nachtclubs.
- 17 Park St. | Kolkata Tel. 033/22 49 90 00 www.theparkhotels.com

Taj Bengal €€€
Luxushotel, zentral gelegen, mit allem Komfort im üblichen Taj-Schick.
- 34 B Belvedere Rd. | Kolkata Tel. 033/22 23 39 39 www.tajhotels.com

The Kenilworth €€–€€€
Standardhotel mit Bar und Restaurant. 5 Gehminuten zur U-Bahn.
- 1&2 Little Russel St. | Kolkata Tel. 033/22 82 39 39 www.kenilworthhotels.com

RESTAURANTS

Oh!Calcutta €€
Restaurant im ersten Stock einer Shopping Mall, leckere bengalische Fischküche.
- Forum Mall | 10/3 Elgin Rd. Kolkata | Tel. (mobil) 093 30 62 75 10

Prachtvolle Steinmetzarbeiten kennzeichnen die Tempel von Bhubaneswar

Zaranj €€
Klassische nordindische Küche mit vielen Tandoori-Gerichten. Gemütlich eingerichtet, guter Service.
• 26 J.L. Nehru Rd. | Kolkata
Tel. 033/22 49 55 72 | www.zaranj.in

SHOPPING

Dakshinapan Complex
Großer Komplex mit vielen State-Government-Geschäften, die Textilien und Handwerkskunst verkaufen.
• 2 Garaihat Rd. | Kolkata
Tel. (mobil) 072 78 42 17 20

New Market
19 Lindsay St. (nahe Oberoi) | Kolkata
Kaschmirschals, T-Shirts, Textilien (Mo–Fr 10–20, Sa 10–16 Uhr).

NIGHTLIFE

Rabindra Sadan/Nandan Theatre Complex
Regelmäßig bengalische Theater- und Tanzaufführungen, nebenan anspruchsvolles Kino. Ein Muss für alle, die Kolkata kennenlernen wollen.
• Cathedral Rd. | Central Kolkata
Tel. 033/22 23 43 02

Tantra
Der angesagteste Nachtclub in Kolkata. Auf der Tanzfläche und in den zwei Bars hat man gute Chancen, die Schickeria der Stadt zu beobachten. Man kann in Jeans gehen, fällt aber auf.
• Im Park Hotel | Kolkata

BHUBANESWAR 2 ★ E4

Die Geschichte der Hauptstadt des Bundesstaats Odisha (der bis 2011 Orissa hieß) reicht zurück bis ins 3. Jh. v. Chr. Aus dem Mittelalter stammen ca. 30 Tempel, die zu den wichtigsten Monumenten Indiens zählen. Im 5. Jh. stürzte die hinduistische Kesari-Dynastie die buddhistischen Yavanas. Unter den Kesaris und der nachfolgenden Ganga-Dynastie blühte die Kultur, damals entstanden ca. 7000 Tempel.

Hauptheiligtum ist der **Lingaraja-Tempel** (11. Jh.), dessen mächtiger, 40 m hoher Turm die Stadt überragt. Unterhalb des bienenkorbförmigen Turms liegt die Cella, in der das Ur-Lingam, das Symbol Shivas, verehrt wird. Eine dicke Mauer umgibt den Sakralbezirk, der Nichthindus verschlossen bleibt.

Zu den kleineren Tempeln zählt **Vaital Deul,** wegen der feinen Steinbearbeitung ist er aber besonders sehenswert. Im dunklen Sanktuarium wird eine tantrische Göttin verehrt. Besonders feine Skulpturen finden wir am **Rajarani-Tempel** aus dem 11. Jh.

Einer der schönsten Tempel des ganzen Landes ist **Mukteshwara** – ein 1000 Jahre altes Bilderbuch aus Stein. Ein geschwungener Torbogen, mit anmutigen Figuren verziert, führt zum Heiligtum, einem Lingam-Schrein. »Traum in Sandstein« wird der Tempel auch genannt – beim Anblick wissen Sie, warum.

Der älteste erhaltene Tempel, **Parasurameshwara** aus dem 7. Jh., ist ein klassisches Beispiel früher freistehender Tempelarchitektur. Ein gedrungener Turm überragt den Lingam-Schrein. Tänzer- und Musikantengruppen, Götterdarstellungen und Szenen aus der hinduistischen Mythologie bilden den reichen Schmuck.

FEINSTE STEINMETZARBEITEN

- Ein technisches und ästhetisches Wunder sind die aus einem Stück gefertigten Marmorgitter im Mausoleum der **Moschee von Fatehpur Sikri.** > S. 80
- Jede Kuppel ist anders gestaltet in den **Marmortempeln von Mount Abu.** > S. 88
- Filigrane Muster überziehen die Händlerhäuser, die Havelis, in der **Unterstadt Jaisalmers.** > S. 91
- Eine unendliche Fülle von Figuren bedeckt die Tempel von **Khajuraho.** > S. 95
- Gedrechselte Säulen sind neben feinen Reliefs die Besonderheit des **Tempels von Halebid.** > S. 139
- Warmer rötlicher Sandstein ist das Material für die kunstvollen **Skulpturen in Konarak.** > S. 147

INFO

Odisha Tourist Office

- Jayadev Marg | Bhubaneswar
  Tel. 0674/2 43 12 99
  www.odishatourism.gov.in

HOTELS

Hotel Swosti €€
Typisches Mittelklassehotel für die nicht zu großen Ansprüche, dafür sind die Tempel nicht so weit.

- 103 Janpath
  Bhubaneswar
  Tel. 0674/3 01 90 00
  www.swostihotels.com/swosti-grand

Trident Hotel €€
Angenehmes Haus der Trident-Kette, leider weit entfernt von den Tempeln.

• CB-1 Nayapalli 751 013
Bhubaneswar | Tel. 0674/2 30 10 10
www.tridenthotels.com

RESTAURANT

Venus Inn €
Leckeres vegetarisches Essen, besonders Dosas und Uttapams (Pfannkuchen) sind zu empfehlen. Ambiente typisch indisch, langes Sitzen ist nicht üblich.
• 217 Bapuji Nagar (Janpath)
Bhubaneswar
Tel. 0674/2 59 79 08

KONARAK 3 12 E4

Der **Tempel des Sonnengottes** Surya in Konarak zählt zu den eindrucksvollsten Tempelruinen des Subkontinents und ist UNESCO-Weltkulturerbe. Im 13. Jh., kurz vor dem Niedergang der Tempelarchitektur in Nordindien, entstand ein gewaltiges Bauwerk in Form des mythischen Sonnenwagens mit 24 Rädern, gezogen von 7 Pferden.

Riesig ist die Zahl der fein gearbeiteten Tänzerinnen und Musikanten, einmalig die Fülle plastischer Darstellungen, oftmals in Überlebensgröße. Tiere, Blumen, Jagd- und Kriegsszenen sowie Liebespaare sollen wiedergeben, was unter dem Netz der Sonnenstrahlen das Leben ausmacht.

Die Hauptstatue steht heute im Nationalmuseum in Neu-Delhi, noch an Ort und Stelle bewundert werden können drei Surya-Statuen: die Morgen-, Mittags- und Nachmittagssonne.

Ein einmaliges Erlebnis ist das **Konarak Dance Festival** im Dezember (Karten beim Odisha Tourist Office nahe dem State Museum Bhubaneswar, Tel. 099 37 00 80 22 (mobil), www.konarkfestival.com).
› mehr S. 13 Punkt 8

PURI 4 E4

Der Wallfahrtsort am Golf von Bengalen (150 000 Einw.) zieht jährlich Tausende von Pilgern an. Mit einer Fahrradrikscha lässt sich die Tempelstadt am besten erkunden.

Hauptheiligtum ist der **Jagannath-Tempel**, der Vishnu als Weltenherrscher gewidmet ist (Zutritt haben allerdings nur Hindus). Der fast 60 m hohe Turm ragt aus dem riesigen Tempelgelände hervor.

Der bereits im 7. Jh. erwähnte Sakralbau erhielt seine heutige Gestalt im 12. Jh. Vor dem Haupteingang sitzt auf einer Säule Garuda, das Reittier Vishnus. Von einer **Aussichtsplattform** kann man in das Areal hineinsehen.

Im Juni/Juli wird hier das **Rath-Yatra-Fest** gefeiert. In der Nähe locken schöne weiße **Sandstrände**, allerdings ist das Baden wegen der tückischen Strömungen und der Verschmutzung gefährlich.

SHOPPING

10 km außerhalb von Puri liegt **Raghurajpur** (bei Chandapur), in dem traditionelle Künstlergemeinschaften die für Odisha typischen Bilder auf Palmblätter ritzen und malen. Die z. T. sehr aufwendigen, feinen Werke liegen vor den Häusern aus. Hier hat man die seltene Gelegenheit, Künstlern ohne Zwischenhandel direkt etwas zukommen zu lassen.

EXTRA-TOUREN

Selbst im heißen Südindien wie hier nahe Bangalore bieten Wälder erfrischende Kühle

TOUR 8

EINMAL UM DEN SUBKONTINENT IN DREI WOCHEN

VERLAUF: Delhi > Varanasi (Benares) > Khajuraho > Agra > Jaipur > Udaipur > Mumbai (Bombay) > Chennai (Madras) > Mahabalipuram > Thanjavur (Tanjore) > Madurai > Periyar > Kochi (Cochin)

KARTE: Klappe hinten
DAUER: **Delhi** > **Varanasi** ca. 1 Std. (Flug); **Varanasi** > **Khajuraho** 45 Min. (Flug); **Khajuraho** > **Agra** ca. 8 Std. (Mietwagen); **Agra** > **Jaipur** 5 Std. (Mietwagen); **Jaipur** > **Udaipur** 9 Std. (Mietwagen); **Udaipur** > **Mumbai** 1 Std. (Flug); **Mumbai** > **Chennai** 2 Std. (Flug); **Chennai** > **Mahabalipuram** 2 Std. (Mietwagen); **Mahabalipuram** > **Thanjavur** ca. 7,5 Std. (Mietwagen); **Thanjavur** > **Madurai** 4,5 Std. (Mietwagen), **Madurai** > **Periyar** 4,5 Std. (Mietwagen), **Periyar** > **Backwaters** ca. 4,5 Std. bzw. **Periyar** > **Kochi** ca. 5 Std. (Mietwagen).
VERKEHRSMITTEL: Angesichts der enormen Entfernungen muss man die meisten Strecken mit dem Flugzeug zurücklegen. Von Agra nach Jaipur und weiter nach Udaipur nutzt man am besten einen Mietwagen. Auch den Streckenabschnitt von Chennai (Madras) bis nach Kochi (Cochin) kann man mit einem Auto zurücklegen.

Wer das ganze Land auf einmal bereisen will, muss sich auf einige Zentren beschränken. Am ersten Tag in **Delhi** › S. 68 besucht man die wichtigsten Denkmäler **Qutb Minar** › S. 73 und **Humayuns Grab** › S. 72 und kann nach dem Roten Fort › S. 70 noch eine Rikschatour durch die quirlige Altstadt anschließen. Am nächsten Vormittag geht es weiter nach **Varanasi** (Benares) › S. 93, wo man das religiöse Leben am Fluss und in der Altstadt hautnah erleben kann. Die nächsten Stationen **Khajuraho** › S. 95 mit seinen Tempeln und **Agra** › S. 76 mit dem **Taj Mahal** und dem **Roten Fort** gehören zu den schönsten Baudenkmälern im Norden, jedes auf seine Weise. Das »Land der Könige« Rajasthan mit seinen Palästen und Residenzstädten kann man in **Jaipur** › S. 81 und **Udaipur** › S. 84 kennenlernen.

Wer in **Mumbai** (Bombay) › S. 107 Aufenthalt machen will, sollte unbedingt eine erholsame Schifffahrt auf die Insel **Elephanta** › S. 112 unternehmen, auf der sich ein faszinierender Höhlentempel befindet.

Den ganz anderen Charme des Südens erschließt man sich von **Chennai** (Madras) › S. 120 aus mit einer Tour über die Tempelzentren **Mahabalipuram** › S. 123, **Thanjavur** (Tanjore) › S. 127 und **Madurai** › S. 125 und schließlich mit einem entspannten Aufenthalt im Nationalpark von **Periyar** › S. 134, wo man mit etwas Glück Elefanten in freier Wildbahn beobachten kann. Ein Stück vor Kochi sollte man auf keinen Fall eine Bootsfahrt auf den zauberhaften **Backwaters** › S. 132 verpassen, bevor die Tour in der freundlichen Altstadt von **Kochi** (Cochin) › S. 129 entspannt zu Ende geht.

TOUR 9

ZWEI WOCHEN AUF DEN SPUREN DER KAISER UND KÖNIGE NORDINDIENS

VERLAUF: Delhi › Agra › Jaipur › Pushkar › Jodhpur › Jaisalmer › Jodhpur › Ranakpur › Udaipur

KARTE: Klappe hinten
DAUER: **Delhi** › **Agra** ca. 5 Std. (alle Strecken mit dem Mietwagen); **Agra** › **Jaipur** ca. 5 Std. reine Fahrzeit (für den Besuch von Fatehpur Sikri unterwegs 2,5 Std. zusätzlich einplanen, weitere 1,5 Std. für den Vogelpark); **Jaipur** › **Pushkar** ca. 3,5 Std.; **Pushkar** › **Jodhpur** 4,5 Std.; **Jodhpur** › **Jaisalmer** 4,5 Std.; **Jaisalmer** › **Jodhpur** 4,5 Std.; **Jodhpur** › **Udaipur** (über Ranakpur) 6,5 Std. plus Besichtigung.
VERKEHRSMITTEL: Nach Agra mit dem Zug oder Mietwagen, den Rest mit dem Mietwagen. Von Udaipur gibt es Flüge nach Delhi oder Mumbai.

Die Tour ist ideal, wenn man nicht so viel fliegen und eine Region genauer kennenlernen möchte. Man startet in **Delhi** › S. 68 auf den Spuren der Mogulkaiser (vgl. Tour 8 › S. 149). Dann wird **Agra** › S. 76 angesteuert, die zweite Hauptstadt der Mogulkaiser mit dem berühmten **Taj Mahal** und dem **Roten Fort**. Auf dem Weg nach Jaipur ist eine dritte Mogulhauptstadt zu sehen, **Fatehpur Sikri** › S. 80, unverändert erhalten seit 1574. Wer möchte, kann kurz darauf seine Fahrt für eine gemütliche Rikschafahrt im **Keoladeo-Ghana-Nationalpark** › S. 80 unterbrechen.

In **Jaipur** › S. 81 locken die **Festung Amber** › S. 84 und die Altstadt nicht nur zum Besichtigen, sondern auch zum Shoppen. Von dort aus geht es in die Aravalli-Berge zum hinduistischen Pilgerort **Pushkar** › S. 56, dessen Atmosphäre man beim Flanieren genießen kann. Danach führt der Weg in die Wüstensteppe Thar: In **Jodhpur** › S. 89 gibt es die imposanteste aller Festungen, nicht weit davon sind die mittelalterlichen Tempel von Osian ein Kunstgenuss. Eine längere Fahrt nach Westen ist nötig, um die Wüstenstadt **Jaisalmer** › S. 91 zu sehen, aber es lohnt sich. Neben einem Besuch der fantastisch erhaltenen Altstadt mit dem **Fort** sollte man einen Abstecher in die Wüste machen und einen Kamelritt wagen. Von Jodhpur fährt man über das marmorne Wunderwerk des Tempels von **Ranakpur** › S. 88 auf einer interessanten Bergstrecke nach **Udaipur** › S. 84, wo man die Reise auf der Festung, bei einer Bootsfahrt auf dem schönen Pichola-See oder beim Geldausgeben in einem der zahlreichen Geschäfte ausklingen lässt.

TOUR 10

DAS TROPISCHE SÜDINDIEN IN ZWEI BIS DREI WOCHEN

VERLAUF: Chennai (Madras) › Mahabalipuram › Thanjavur (Tanjore) › Madurai › Periyar › Backwaters › Kochi (Cochin) › Bangalore › Mysore › Chikmagalur/Hassan › Belur und Halebid › Bangalore/Mysore

KARTE: Klappe hinten

DAUER: **Chennai** › **Mahabalipuram** 2 Std. (alle Strecken mit Mietwagen, außer anders angegeben); **Mahabalipuram** › **Thanjavur** ca. 7,5 Std.; **Thanjavur** › **Madurai** 4,5 Std.; **Madurai** › **Periyar** 4,5 Std.; **Periyar** › **Kumarakom/Allepey** ca. 4,5 Std.; **Allepey** › **Kochi** 2 Std.; **Kochi** › **Bangalore** 1 Std. (Flug); **Bangalore** › **Mysore** ca. 4 Std.; **Mysore** › **Hassan** 4 Std. bzw. **Chikmagalur** 5 Std.; **Chikmagalur/Hassan** › **Belur/Halebid** ca. 45 Min., **Hassan** › **Bangalore/Mysore** ca. 5 Std.

VERKEHRSMITTEL: Die schönste Art zu reisen ist mit dem Mietwagen. Von Kochi nach Bangalore sollte man allerdings fliegen.

Die ersten sechs Tage der Reise verlaufen wie der Abschnitt Chennai – Periyar in Tour 8 › S. 149. Von Periyar kann man einen längeren Abstecher in die **Backwaters** › S. 132 von Kerala unternehmen. Viele wunderschöne Resorthotels sind in den letzten Jahren dort entstanden, in denen man auch Ayurveda-Behandlungen buchen kann, etwa in **Kumarakom** oder in **Alleppey** › S. 132. Mindestens zwei Tage sollten Sie sich dafür Zeit nehmen.

Es gibt auch die Möglichkeit, einen oder zwei Tage auf einem sogenannten Reisboot zu verbringen. Diese Boote sind ausgestattet wie Hotels. Man fährt mit einer eigenen Crew, die sich um das Boot und das leibliche Wohl der Gäste kümmert (zu buchen über die entsprechenden Resorthotels).

Danach geht es weiter nach **Kochi** (Cochin) › S. 129. Ein kurzer Flug führt von dort aus nach **Bangalore** und eine Halbtagesfahrt weiter nach **Mysore** › S. 135. Nun kann man die Schönheiten Karnatakas erkunden, wie es in Tour 6 › S. 119 beschrieben wird.

INFOS VON A–Z

DIPLOMATISCHE VERTRETUNGEN

Indische Botschaften in Europa:

- Tiergartenstr. 17, 10785 Berlin, Tel. 0 30/25 79 50, www.indianembassy.de
  Generalkonsulate in Frankfurt/M. (www.cgifrankfurt.de), Essen, Hamburg und München.
- Kärntner Ring 2 A, 1015 Wien, Tel. 01/5 05 86 66, www.indianembassy.at
- Kirchenfeldstr. 28, 3005 Bern, Tel. 0 31/3 51 11 30, www.indembassybern.ch

Europäische Botschaften in Indien:

- **Deutsche Botschaft**
  6, Shanti Path, Chanakyapuri, New Delhi 110021, Tel. 011/44 19 91 99, www.india.diplo.de
- **Deutsche Konsulate** gibt es in Mumbai (Hoechst House, Nariman Point, Tel. 022/22 83 24 22), Chennai (9 Boat Club Rd. Tel. 044/24 30 16 00), Bangalore (Cash Pharmacy Bldg., Tel. 080/45 30 01 00), Goa (c/o Cosme Matias Menezes Ltd., Rua de Ourem, Panaji, Tel. 0832/2 43 07 93) und Kolkata (1 Hastings Park Rd., Alipore, Tel. 033/24 79 11 41).
- **Österreichische Botschaft**
  EP-13, Chandragupta Marg, New Delhi, Chanakyapuri, Tel. 011/24 19 27 00, www.bmeia.gv.at/oeb-new-delhi
- **Schweizer Botschaft**
  Nyaya Marg, Chanakyapuri, New Delhi 110021, Tel. 011/49 95 95 00, www.eda.admin.ch/newdelhi

EIN- UND AUSREISE

Deutsche, Österreicher und Schweizer brauchen ein Visum (6 Monate gültig). Es kann auch online als e-Tourist Visa (e-TV) beantragt werden. Infos über Mehrfacheinreisen unter www.indianembassy.de. Besuch von Sperr- und Schutzgebieten (Arunachal Pradesh, Lakkadiven und Sikkim) ist nur mit Sondergenehmigung möglich. Die Ein- und Ausfuhr indischer Rupien ist verboten, Devisen (bar oder Reiseschecks) sind ab 5000 US-$ deklarationspflichtig.

EINTRITTSPREISE

An den meisten World Heritage Sites der UNESCO (alle im Text erwähnt) und in einigen Museen wird eine Eintrittsgebühr von 5–10 US-$ verlangt.

ELEKTRIZITÄT

220 Volt, englische Dreipolstecker (Adapter mitnehmen).

FEIERTAGE

Staatliche Feiertage sind: 26.1. (Tag der Republik); 15.8. (Unabhängigkeitstag); 2.10. (Geburtstag Mahatma Gandhis), 25.12. (Weihnachten). Daneben gibt es zahlreiche religiöse Festtage › **S. 55**.

FLUGHAFENGEBÜHREN

Bei internationalem Abflug sind 700 Rs (wenn nicht schon im Flugticket inbegriffen wie z. B. bei LH) zu bezahlen, bei Abflug in die Nachbarländer (Bhutan, Nepal, Pakistan, Bangladesh, Sri Lanka, Malediven) 150 Rs.

FOTOGRAFIEREN

Häufig verboten ist das Fotografieren in Museen sowie die Verwendung eines Blitzlichts in Höhlen oder eines Stativs an archäologischen Stätten. An vielen Sehenswürdigkeiten werden fürs Fotografieren oder Filmen Extragebühren erhoben. In Tempeln soll man nicht in den Schrein fotografieren. Strenges Fotografierverbot auf allen Flughäfen.

GELD UND GELDWECHSEL

Landeswährung ist die indische Rupie (Rupee; Abkürzung Rs, ISO-Code: INR), die in 100 Paise unterteilt wird.

Tauschen Sie nur in Banken und Hotels (dort etwas schlechterer Kurs). Zählen Sie das Geld sofort nach und achten Sie darauf, dass die Scheine nicht eingerissen sind. Reiseschecks erzielen einen besseren Wechselkurs. Die gängigen Kreditkarten werden akzeptiert. Manche Geldautomaten funktionieren auch mit der EC-Karte.

Hotelrechnungen und Flugscheine müssen in Devisen bezahlt werden. Rücktausch von Rupien nur vor internationalem Abflug gegen Vorlage der Umtauschquittung.

Wechselkurs (Stand Juni 2019):

- 1 € = 78 Rs; 1 CHF = 70 Rs
- 100 Rs = 1,27 €/1,43 CHF

GESUNDHEIT

Vorgeschrieben ist lediglich eine Gelbfieberimpfung, wenn Sie aus einem Infektionsgebiet einreisen. Unbedingt empfehlenswert sind Malariaprophylaxe und Tetanusschutz, ratsam Hepatitis- und Typhusschutz. Achtung: Aids ist auch in Indien auf dem Vormarsch.

Meiden Sie beim Essen und Trinken alles, was mit Leitungswasser in Berührung gekommen sein könnte. In die Reiseapotheke gehören Mittel gegen Durchfall, Erkältungen, Verstauchungen/Prellungen, eine Wund- und Heilsalbe, Wunddesinfektionsmittel und Verbandmaterial. Sonnencreme mit hohem Lichtschutzfaktor ist unerlässlich.

Englisch sprechende und qualifizierte Ärzte gibt es in allen Großstädten. Krankenhäuser sind zwar meist gut geführt, mit europäischen Standards aber nicht zu vergleichen. Fragen Sie bei ernsteren Fällen nach dem Vertrauensarzt Ihrer Botschaft oder konsultieren Sie den Hotelarzt.

Der Abschluss einer Reisekrankenversicherung mit Rücktransportoption ist unbedingt angeraten.

INFORMATION

Auskünfte und Prospekte erhält man von **India Tourism:**

- 60329 Frankfurt/M., Baselerstr. 48, Tel. 0 69/242 94 90 (regionales Büro für alle europäischen Länder)
- Internet: www.india-tourism.com
- E-Mail: info@india-tourism.com
- Die Adressen der Büros vor Ort finden Sie bei den Beschreibungen (meist Mo–Fr 9–17.30, Sa 9–13 Uhr).

KLEIDUNG

Im Norden brauchen Sie während der Wintermonate warme Kleidung für den Abend, leichte Baumwollsachen für tagsüber. Während der wärmeren und heißen Periode sowie im subtropischen Süden (auch dort wird es in höheren Lagen nachts kühler) ist luftige Kleidung angenehm. Kurze Hosen, Leggings und weit ausgeschnittene Oberteile sind v. a. in Tempeln und Moscheen unangebracht. Knappe Bikinis und Sonnenbaden »oben ohne« sind tabu.

ÖFFNUNGSZEITEN

Staatliche Geschäfte sind meist Mo bis Sa 10–18 Uhr geöffnet. Für private Geschäfte

URLAUBSKASSE

• Glas Chai (indischer Tee)	0,20–1 €
• Softdrink	0,60–1,50 €
• Mineralwasser (1 l)	ab 0,40 €
• frische Kokosnuss	ab 0,20 €
• Flasche Bier (0,7 l)	ab 1,70 €
• Masala Dosa	ab 1,60 €
• Vegetarisches Curry	ab 1,60 €
• Taxifahrt (Kurzstrecke 8–10 km)	5–8,50 €

gibt es keine einheitliche Regelung. Banken arbeiten Mo–Fr 10 bis 14, Sa 10–12 Uhr, Postämter Mo–Fr 10–17, Sa 10–12 Uhr.

SICHERHEIT

Taschendiebe arbeiten meist in organisierten Banden – Vorsicht bei großen Menschenansammlungen und viel besuchten Sehenswürdigkeiten!

Wenn Sie nach einem Diebstahl einen Nachweis für die Versicherung oder die Ausstellung eines neuen Reisedokumentes brauchen, müssen Sie ihn sofort vor Ort polizeilich melden; später (im nächsten Ort) werden Sie erhebliche Schwierigkeiten bekommen.

Reise- und Sicherheitshinweise publiziert das Auswärtige Amt unter www.auswaertiges-amt.de.

SICHERHEITSKONTROLLEN

In manchen Museen und Monumenten – und besonders streng am Taj Mahal – erfolgen Personen- und Handgepäckkontrollen. Besonders scharf sind die Flughafenkontrollen (Scheren, Nagelfeilen Taschenmesser, Haarspray, Feuerzeuge und Batterien gehören nicht ins Handgepäck!).

SOUVENIRS

Von Schnitzereien, Masken und Bronzen spannt sich der Bogen über Miniaturmalerei, Schmuck und Seide bis hin zu kostbaren Teppichen.

Außer in staatlichen Kaufhäusern (Government Emporium) und Läden mit der Aufschrift »fixed prices« wird überall gehandelt. Besonders in Delhi, Agra und Jaipur versuchen Schlepper (Guides, Taxi- oder Rikschafahrer) sehr häufig, Sie in ein Geschäft zu locken – in dem sie dann Provisionen kassieren, die Sie über den Preis mitbezahlen.

Über 100 Jahre alte Antiquitäten dürfen nicht aus Indien ausgeführt werden. Produkte, die nach dem Washingtoner Artenschutzabkommen von geschützten Tieren stammen, dürfen nicht in das europäische Heimatland eingeführt werden.

TELEFON UND INTERNET

Telefonieren, faxen und E-Mails verschicken können Sie von den landesweit verbreiteten öffentlichen Fernsprecheinrichtungen (gelbe Aufschrift STD für national, ISD für international). Ihr Handy wählt sich im Netz des jeweiligen Roaming-Partners automatisch ein. Mit Travel SIM (www.travelsim.com) kann man per Prepaid-Card die Roamingkosten stark reduzieren.

Internationale Vorwahlen:
Deutschland 00 49; Österreich 00 43; Schweiz 00 41; Indien 00 91

TEMPEL UND MOSCHEEN

Bevor man eine Gebetsstätte betritt, müssen die Schuhe ausgezogen werden (Socken sind meist gestattet). In Jaintempeln ist Leder verboten.

TRINKGELD

Geben Sie dem Träger pro Koffer 50 Rs, Zimmermädchen 50 Rs pro Tag, einem guten offiziellen Fremdenführer und Fahrer (nicht dem Taxifahrer) 200 bis 400 Rs pro Tag. In Restaurants sind 10–15 % des Rechnungsbetrags als Trinkgeld üblich.

ZEIT

MEZ + 4,5 Stunden (während der europäischen Sommerzeit + 3,5 Std.).

ZOLL

Zollfrei einführen darf man persönliche Gegenstände, 200 Zigaretten oder 250 g Tabak und 1 l Alkohol.

Die wichtigsten Zollfreigrenzen bei der Wiedereinreise nach Deutschland, Österreich und in die Schweiz sind: 200 Zigaretten, 1 l hochprozentiger Alkohol oder 2 l Wein, Geschenke im Gesamtwert von 430 € bzw. 300 CHF.

REGISTER

BILDNACHWEIS

Coverfoto Rind in Jodhpur, Rajasthan © plainpicture/Kyriakopoulou, Eugenia
Fotos Umschlagrückseite © Shutterstock/Rybalka (links); Shutterstock/Tukaram.Karve (Mitte); Shutterstock/Sapsiwai (rechts)

Getty Images/AFP/DIPTENDU DUTTA: 10; Getty Images/Basak, Subir: 54; Getty Images/Bloomberg/Singh, Dhiraj : 52; Getty Images/EyeEm/Sahu, Soham: 148; Getty Images/Hindustan Times/Kinu, Burhaan: 41; Getty Images/Kittikamhaeng, Phongsiri: 23; Getty Images/Kontributor/Zanon, Barbara: 53; Getty Images/Pal, Partha: 140; Getty Images/Telkar, Mahesh: 116; Getty Images/UIG/Greenberg, Jeffrey: 104; Glowimages/Imagebroker: 32, 60; Huber Images/Richard Taylor: 34; Jalag/Mundy, Michael: 17; laif/hemis.fr/Planchard, Eric: 62; Mauritius Images/Alamy: 39; Rössig, Wolfgang: 8; Sheroes' Hangout: 28; Shutterstock/AAR Studio: 115; Shutterstock/AJP: 139; Shutterstock/AleCasa77: 58; Shutterstock/Allen, Steve: 127; Shutterstock/Artit Wongpradu: 27; Shutterstock/arun sambhu mishra: 16; Shutterstock/benik.at: 129; Shutterstock/Burana, Pete: 14, 111; Shutterstock/CRS PHOTO: 44; Shutterstock/danhvc: 93; Shutterstock/espies: 15; Shutterstock/Gilitukha, Dmytro: 130; Shutterstock/Hackemann, Jorg: 43, 47; Shutterstock/ImagesofIndia: 30; Shutterstock/Jayakumar: 121; Shutterstock/Kingsly: 73; Shutterstock/Loyo, Alberto: 134; Shutterstock/Mammoser, Don: 91; Shutterstock/Mazurkevich, Alexander: 112; Shutterstock/Moridis, Alexandros: 95; Shutterstock/panoglobe: 78; Shutterstock/Park, Sanga: 137; Shutterstock/photoff: 6/7; Shutterstock/PI: 133; Shutterstock/Poplawski, Marek: 77; Shutterstock/Radiokafka: 142; Shutterstock/Rukhlenko, Dmitry: 9, 48, 56, 101; Shutterstock/Rybalka: 145; Shutterstock/saiko3p: 20/21, 82, 100; Shutterstock/Sapsiwai: 107; Shutterstock/singh_lens: 86; Shutterstock/SurabhiArtss: 98; Shutterstock/Tanakorn Pussawong: 37; Shutterstock/theskaman306: 26; Shutterstock/Tukaram.Karve: 57; Shutterstock/Waj: 13; Shutterstock/Wang Sing: 18; Shutterstock/Zzvet: 103; stock.adobe.com/lamio: 33; stock.adobe.com/matiplanas: 123; stock.adobe.com/nstanev: 50; stock.adobe.com/Pict, Brad: 70; Taj Hotels Resorts and Palaces: 85, 109.

Liebe Leserin, lieber Leser,
wir freuen uns, dass Sie sich für diesen POLYGLOTT on tour entschieden haben.
Unsere Autorinnen und Autoren sind für Sie unterwegs und recherchieren sehr gründlich, damit Sie mit aktuellen und zuverlässigen Informationen auf Reisen gehen können.
Dennoch lassen sich Fehler nie ganz ausschließen. Wir bitten Sie um Verständnis, dass der Verlag dafür keine Haftung übernehmen kann.

Ihre Meinung ist uns wichtig. Bitte schreiben Sie uns:
GRÄFE UND UNZER VERLAG
Postfach 86 03 66, 81630 München, Tel. 0 89 / 419 819 41
www.polyglott.de

LESERSERVICE
polyglott@graefe-und-unzer.de
Tel. 0 800 / 72 37 33 33 (gebührenfrei in D, A, CH), Mo–Do 9–17 Uhr, Fr 9–16 Uhr

1. Auflage 2019

Dieses Buch wurde auf chlorfrei gebleichtem Papier gedruckt.
ISBN 978-3-8464-0478-2

Verlagsleitung: Grit Müller
Verlagsredaktion: Anne-Katrin Scheiter
Autoren: Wolfgang Rössig, Claudia Penner, Ulrike Teuscher
Redaktion: Martin Waller
Bildredaktion: Anne-Katrin Scheiter
Mini-Dolmetscher: Langenscheidt
Umschlaggestaltung & Layout:
Independent Medien Design, München
Horst Moser (Artdirection), Lucie Heselich
Karten und Pläne:
Huber Kartographie GmbH
Satz: uteweber-grafikdesign
Herstellung: Anna Bäumner, Gloria Schlayer
Druck und Bindung:
Printer Trento, Italien

PEFC
PEFC/18-31-506

GRÄFE UND UNZER

Ein Unternehmen der
GANSKE VERLAGSGRUPPE

MINI-DOLMETSCHER ENGLISCH

ALLGEMEINES

Guten Morgen.	Good morning. [gud **moh**ning]
Guten Tag. (nachmittags)	Good afternoon. [gud after**nuhn**]
Hallo!	Hello! [häl**loh**]
Wie geht's?	How are you? [hau **ah**‿ju]
Danke, gut.	Fine, thank you. [**fain, θänk**‿ju]
Ich heiße ...	My name is ... [mai **nehm**‿is]
Auf Wiedersehen.	Goodbye. [gud**bai**]
Morgen	morning [**moh**ning]
Nachmittag	afternoon [after**nuhn**]
Abend	evening [**ihw**ning]
Nacht	night [nait]
morgen	tomorrow [tu**morr**oh]
heute	today [tu**deh**]
gestern	yesterday [**jes**terdeh]
Sprechen Sie Deutsch?	Do you speak German? [du‿ju spihk **dsehöh**mən]
Wie bitte?	Pardon? [**pah**dn]
Ich verstehe nicht.	I don't understand. [ai **dohnt** ander**ständ**]
Würden Sie das bitte wiederholen?	Would you repeat that please? [wud‿ju ri**piht** ðät, **plihs**]
bitte	please [**plihs**]
danke	thank you [**θänk**‿ju]
was / wer / welcher	what / who / which [wott / huh / witsch]
wo / wohin	where [wäə]
wie / wie viel	how / how much [hau / hau **matsch**]
wann / wie lange	when / how long [wänn / hau **long**]
warum	why [wai]
Wie heißt das?	What is this called? [**wott**‿**is** ðis **kohld**]
Wo ist ...?	Where is ...? [**wäər**‿is ...]
Können Sie mir helfen?	Can you help me? [kän‿ju **hälp**‿mi]
ja	yes [jäss]
nein	no [noh]
Entschuldigen Sie.	Excuse me. [iks**kjuhs** miðə
rechts	on the right [on ðə reit]
links	on the left [on ðə left]
Gibt es hier eine Touristen-information?	Is there a tourist information? [is‿ðər‿ə **tu**ərist infəmehschn]
Haben Sie einen Stadtplan?	Do you have a city map? [du‿ju häw‿ə **ß**iti mäpp

SHOPPING

Wo gibt es ...?	Where can I find ...? [**wäə** kən‿ai **faind** ...]
Wie viel kostet das?	How much is this? [**hau**‿matsch **is**‿ðis]
Das ist zu teuer.	This is too expensive. [ðis‿is **tuh** iks**pänn**ßiw]
Das gefällt mir (nicht).	I like it. / I don't like it. [ai **laik**‿it / ai **dohnt laik**‿it]
Wo ist eine Bank / ein Geldautomat?	Where is a bank / a cash dispenser? [**wäər**‿is ə‿**bänk** / ‿ə **käsch** dispännser]
Geben Sie mir 100 g Käse / zwei Kilo ...	Could I have a hundred grams of cheese / two kilograms of ... [kud‿ai häw‿ə **hann**drəd grämms‿əw **tschihs** / **tuh kill**əgrämms‿əw ...]
Haben Sie deutsche Zeitungen?	Do you have German newspapers? [du‿ju häw **dsehöh**mən **njuhs**pehpers]

ESSEN UND TRINKEN

Die Speisekarte, bitte.	The menu please. [ðə **männ**ju plihs]
Brot	bread [bräd]
Kaffee	coffee [**koffi**]
Tee	tea [tih]
mit Milch / Zucker	with milk / sugar [wið‿**milk** / **schugg**er]
Orangensaft	orange juice [**orr**əndseh‿dsehuhs]
Mehr Kaffee, bitte.	Some more coffee please. [ßəm‿moh **koffi** plihs]
Suppe	soup [ßuhp]
Fisch	fish [fisch]
Fleisch	meat [miht]
Geflügel	poultry [**pohl**tri]
Beilage	sidedish [**ßaid**disch]
vegetarische Gerichte	vegetarian food [wädsehə**tär**iən fud]
Eier	eggs [ägs]
Salat	salad [**ßäl**əd]
Dessert	dessert [di**söht**]
Obst	fruit [fruht]
Eis	ice cream [ais **krihm**]
Wein	wine [wain]
weiß / rot / rosé	white / red / rosé [wait / räd / **roh**seh]
Bier	beer [**bi**ə]
Mineralwasser	mineral water [**minn**rəl wohter]
Ich möchte bezahlen.	I would like to pay. [ai‿wud **laik**‿tə **peh**]

MEINE ENTDECKUNGEN

....

....

....

....

....

....

....

....

....

....

....

....

....

....

....

....

....

....

....

Teilen Sie Ihre Entdeckungen auf facebook.com/Polyglottreisewelt.

CHECKLISTE INDIEN

Nur da gewesen oder schon entdeckt?

☐ **MORGENSTILLE AM TAJ MAHAL**
Der Sonnenaufgangsblick vom Mondlichtgarten am Flussufer macht einfach sprachlos. > S. 15, 76

☐ **WILDWASSERFAHRT IN LADAKH**
Mit dem Schlauchboot auf den schäumenden Wassern des Indus zu majestätischen alten Himalayaklöstern. > S. 13

☐ **MYTHOLOGIE IN FARBE**
In künstlerischer Vollendung erzählen die frühbuddhistischen Fresken der Höhlen von Ajanta von Sinnenfreude und Entsagung. > S. 15, 113

☐ **RAJASTHAN PER WÜSTENSCHIFF**
Eine Kamelsafari durch die Wüste Thar ermöglicht authentische Begegnungen mit den Bewohnern der Wüste. S. 12

☐ **BOOTSFAHRT IN VARANASI**
Im ersten Morgenlicht herrscht eine magische Stimmung auf den heiligen Wassern des Ganges. S. 12, 94

☐ **KAMASUTRA AUS STEIN**
Was manche Skulpturen der Tempel von Khajuraho treiben, ist nicht jugendfrei, aber künstlerisch formvollendet. > S. 15, 96

☐ **ELEFANTEN AUF DEM TIGER TRAIL**
Auf einer Wandertour durch die traumhafte Flusslandschaft der Periyar Tiger Reserve kann man die wilden Dickhäuter in Herden sehen. > S. 12, 134

☐ **INDISCHES SEAFOOD**
Meen Moilee, ein mit frischer, herrlich duftender Kokosmilch zubereitetes, fein gewürztes Fischcurry aus Kerala hat alle Qualitäten, um süchtig zu machen. > S. 14

MITBRINGSEL

- **Paschmina:** Wunderschöne Tücher und Schals aus weicher Wolle und Seide > S. 17
- **Garam Masala:** Indiens traditionelle Gewürzmischung, frisch vom Markt > S. 18